Olamide Kalesanwo

Um protocolo de encaminhamento híbrido para lidar com o congestionamento em redes AD HOC

Olamide Kalesanwo

Um protocolo de encaminhamento híbrido para lidar com o congestionamento em redes AD HOC

ScienciaScripts

Imprint

Any brand names and product names mentioned in this book are subject to trademark, brand or patent protection and are trademarks or registered trademarks of their respective holders. The use of brand names, product names, common names, trade names, product descriptions etc. even without a particular marking in this work is in no way to be construed to mean that such names may be regarded as unrestricted in respect of trademark and brand protection legislation and could thus be used by anyone.

Cover image: www.ingimage.com

This book is a translation from the original published under ISBN 978-620-2-05751-6.

Publisher:
Sciencia Scripts
is a trademark of
Dodo Books Indian Ocean Ltd. and OmniScriptum S.R.L publishing group

120 High Road, East Finchley, London, N2 9ED, United Kingdom
Str. Armeneasca 28/1, office 1, Chisinau MD-2012, Republic of Moldova, Europe
Printed at: see last page
ISBN: 978-620-7-79549-9

AGRADECIMENTOS

Antes de mais, quero agradecer ao Alfa e Ómega de tudo. Ele guardou-me desde o nascimento e deu-me a graça e a força para concluir com êxito este projeto. Gostaria de utilizar este meio para agradecer aos meus maravilhosos pais, Professor e Sra. Kalesanwo, pelo seu amor e conselhos sempre presentes, bem como pelo seu apoio incansável em todos os aspectos da minha vida e, mais importante ainda, nos meus estudos. A minha profunda gratidão ao meu erudito orientador, Professor Oludele Awodele, pela sua orientação, apoio e motivação; além disso, ele arranjou tempo na sua agenda muito ocupada para me dar uma ajuda sempre que eu ficava preso durante o curso deste projeto. Gostaria também de agradecer ao grupo de Professores de Elite do Departamento de Ciências Informáticas. Depositaram em mim tesouros que serão para sempre meus. Os meus colegas e amigos no Departamento e fora dele são muito apreciados pelo seu apoio moral e emocional. Não deixarei de apreciar os papéis significativos desempenhados por Funmi Abiola, Sodipo Ayobami, Excellence Ariweriokuma, Aleburu Gideon, Debo, Ajayi Damilola, Atisi Franklyn, Damilare Oyenuga, Sanyaolu Mary, Adedayo Oyin, Abraham Oyin e Aleburu Deborah, que me motivaram e encorajaram mesmo quando estava a desistir. Por último, gostaria de destacar a contribuição dos meus lindos irmãos Esther, Emmanuel e Victor. Rezo para que Deus continue a guardá-los e a abençoá-los.

RESUMO

A noção mais generalizada de rede ad hoc é a de uma rede formada sem qualquer administração central, constituída por nós móveis que utilizam uma interface sem fios para enviar pacotes de dados. Os nós deste tipo de rede funcionam como encaminhador e anfitrião, ou seja, são responsáveis pelo encaminhamento e receção de pacotes e têm a capacidade e a tendência para se deslocarem em qualquer direção e a qualquer momento, pelo que os nós das redes ad hoc são móveis devido à ausência de administração central/envolvimento de terceiros. A mobilidade dos nós torna difícil que as redes ad hoc tenham uma topologia fixa. Nas redes ad hoc, o congestionamento é um dos principais desafios que ocorre devido à inadequação para satisfazer a procura na rede, o que faz com que os utilizadores sofram atrasos mais longos, mais perdas de pacotes e outros problemas de degradação que afectam a qualidade do serviço da rede devido ao congestionamento.

Esta investigação foi levada a cabo para avaliar vários protocolos de encaminhamento em duas categorias principais, nomeadamente: protocolo reativo e protocolo proactivo, utilizando simulação. Os diferentes protocolos avaliados são o AODV, o DSR, o TORA, o OLSR e o DSDV. O desempenho destes protocolos foi avaliado utilizando a taxa de transferência, o atraso extremo-a-extremo e a taxa de entrega de pacotes como métricas de avaliação do desempenho.

O NS 2.35 foi a ferramenta de simulação utilizada para efetuar a simulação para os dois ambientes de rede diferentes que foram simulados. O resultado mostra que o TORA e o OLSR superam os outros protocolos nos diferentes ambientes de rede simulados. Estes protocolos foram integrados para obter um protocolo híbrido. O desempenho do novo protocolo híbrido foi avaliado em relação a um dos protocolos de encaminhamento híbrido existentes, o ZRP. O resultado mostra que o novo protocolo híbrido tem um rácio de entrega de pacotes mais elevado do que os outros protocolos simulados.

Por conseguinte, recomenda-se a aplicaçã do protocolo híbrido para reduzir a taxa de perda de pacotes nas redes ad hoc.

Palavras-chave: Rede Ad Hoc, congestionamento, perda de pacotes, protocolo de roteamento, taxa de transferência.

Contagem de palavras: 329

ÍNDICE DE CONTEÚDOS

ABREVIATURAS

ABR	Associativity Based Routing
ACK	Acknowledge
ALOHA	Area Location of Hazardous Atmosphere
ant	Antenna
AODV	Ad hoc on Demand Distant Vector routing
ARPA	Advanced Research Projects Agency
BER	Bit Error Rate
BQ	Broadcast Query
CA-HWMP	Congestion Avoidance Hybrid Wireless Mesh Protocol
CBR	Constant Bit Rate
CGSR	Cluster Gate Switch Routing
chan	Channel
CS	Carrier Sense
CSMA	Carries Sense Multiple Access
DAG	Directed Acyclic Graph
DCDR	Dynamic Congestion Detection Routing
DLAR	Dynamic Load Aware Routing Protocol
DoD	Department of Defense
DRCL	Distributed Real time Computing Laboratory
DSDV	Destination Sequenced Distant Vector
DSR	Dynamic Source Routing
GloMo	Global Mobile
GUI	Graphical User Interface
HWMP	Hybrid Wireless Mesh Protocol
IACC	Interference Aware Congestion Control
IARP	Intra-zone Routing Protocol
ID	Identity
IEEE	Institute of Electrical and Electronic Engineers

IERP	Inter-zone Routing Protocol
IETF	Internet Engineer Task Force
ifq	Interface Queue
iMANET	Internet based Mobile Ad hoc Network
InVANET	Intelligent Vehicular Ad hoc Network
IP	Internet Protocol
LAN	Local Area Network
LCC	Least Cluster Change
ll	Link Layer
M&S	Modelling and Simulation
MAC	Medium Access Control
MACT	Multicast Activation
MANET	Mobile Ad hoc Network
MBL	Maximum Beacon Load
MHWSH	Medium and High rate Wireless Sensor Network
MIT	Massachusetts Institute of Technology
MPR	MultiPoint Relay
MRL	Message Retransmission List
NAM	Network Animation
NDP	Neighbor Discovery Protocol
netif	Network Interface
NFD	Network Fundamental Diagram
nn	Number of Nodes
NPDU	Network Protocol Data Unit
NS-2	Network Simulator 2
NSF	National Science Foundation
NTDR	Near Term Digital Radio
OLSR	Optimized Link State Routing
OTCL	Object Oriented Tool Command Language
PDR	Packet Delivery Ratio

PRNET	Packet Radio Network
prop	Propagation
QoS	Quality of Service
RERR	Route Error
rp	Routing Protocol
RREP	Route Reply
RREQ	Route Request
RTT	Round Trip Time
SURAN	Survivable Adaptive Radio Networks
TCL	Tool Command Language
TCP	Transmission Control Protocol
TDMA	Time Division Multiple Access
TORA	Temporarily Ordered Routing Algorithm
TTL	Time To Live
VANET	Vehicular Ad hoc Networks
VINT	Virtual Internetwork Testbed
WLAN	Wireless Local Area Network
WMN	Wireless Mesh Network
WRP	Wireless Routing Protocol
ZRP	Zone Routing Protocol

CAPÍTULO 1

INTRODUÇÃO

CAPÍTULO I: INTRODUÇÃO

1.1 Antecedentes do estudo

A comunicação móvel de dados sem fios, que está a avançar tanto em termos de tecnologia como de utilização/penetração, é uma força motriz, graças à Internet. Olhando para o horizonte, vislumbra-se uma computação e uma comunicação verdadeiramente omnipresentes. Num futuro próximo, prevê-se que o papel e as capacidades da transmissão de dados a curta distância cresçam, servindo de complemento à comunicação tradicional em grande escala. A noção mais generalizada de rede ad hoc é a de uma rede formada sem qualquer administração central, constituída por nós móveis/móveis que utilizam uma interface sem fios para enviar pacotes de dados. Os nós de uma rede deste tipo podem servir de encaminhadores e anfitriões, podem reencaminhar pacotes em nome de outros nós e executar aplicações do utilizador (Divya & Madhulaki, 2014). Nas redes ad-hoc, o congestionamento ocorre em resultado da inadequação para satisfazer a procura na rede, que é bastante grande, o que faz com que os utilizadores sofram atrasos mais longos, mais perdas de pacotes e outros problemas de degradação que afectam a qualidade do serviço da rede em resultado do congestionamento.

Segundo (Shentil *et al,* 2011), a perda de pacotes, os atrasos consideráveis, os cenários injustos e a baixa taxa de transferência resultam do congestionamento que, por sua vez, afecta o desempenho geral de toda a rede. O número de utilizadores móveis, bem como o número de aplicações que utilizam dispositivos móveis, aumentou drasticamente. O principal efeito secundário deste aumento de carga é o problema do congestionamento da rede. É necessário erradicar/reduzir a taxa de congestionamento de modo a melhorar o desempenho, reduzir o consumo de energia, reduzir o atraso e aumentar a fiabilidade da rede. Os investigadores propuseram uma série de soluções para ultrapassar o desafio do congestionamento num ambiente ad hoc. Estas soluções baseiam-se na taxa de geração de pacotes, no controlo da potência de transmissão, na função de utilidade, no limiar de deteção de portadora ou numa combinação destes elementos (Mohammad *et al,* 2013).

O congestionamento num nó ocorre quando a velocidade a que os pacotes chegam ao nó é superior à velocidade a que o pacote está a ser processado. Cada nó tem um buffer de um tamanho específico, quando os pacotes no buffer excedem o tamanho especificado, ocorre o congestionamento. Assim, é necessário controlar e, se possível, erradicar este fenómeno. Ocorre quando uma parte da rede está a ser alimentada com mais tráfego do que a sua capacidade nominal (Parminder & Ranjit, 2013).

O Protocolo de Controlo de Transmissão (TCP) é um protocolo amplamente utilizado para serviços de dados, especialmente em redes com fios. O controlo de congestionamento TCP permite a cada fonte determinar a capacidade disponível da rede, de modo a saber quantos pacotes pode transferir em segurança. Quando o TCP é utilizado numa rede ad-hoc, interpreta erradamente as perdas de pacotes devidas a falhas na ligação como perdas de pacotes devidas a congestionamento (Nidhi & Kumar, 2015). O mecanismo normal de controlo de

8

congestionamento do TCP não é capaz de lidar com as propriedades especiais de um canal sem fios partilhado. O controlo de congestionamento TCP funciona muito bem na Internet. Mas as redes móveis ad-hoc apresentam algumas propriedades únicas que afectam grandemente a conceção de protocolos e pilhas de protocolos adequados em geral, e a do mecanismo de controlo de congestionamento em particular. Como se verificou, o ambiente muito diferente numa rede ad-hoc móvel é altamente problemático para o TCP padrão (Divya & Madhulaki, 2014). Várias investigações e experiências mostraram que o mecanismo de controlo de congestionamento do TCP tem um desempenho fraco nas redes ad hoc (Parminder & Ranjit, 2013), o que se deve à elevada taxa de mobilidade dos nós nas redes ad hoc.

Os desafios que se colocam às redes ad-hoc são a segurança, o controlo do congestionamento, o encaminhamento, a gestão da energia, o controlo da topologia e a qualidade do serviço, entre outros. De todos, o congestionamento é a questão mais importante na rede ad-hoc. Congestionamento significa simplesmente sobrelotação. Na rede ad-hoc, a sobrecarga de pacotes pode estar presente em todos os nós, o que pode causar a perda de pacotes, pelo que os dados não são entregues com êxito no destino (Phogat & Kumar, 2015). Foram criados vários mecanismos para controlar o congestionamento da rede. Estes mecanismos são designados por mecanismos de controlo do congestionamento. A descoberta e a manutenção de rotas entre os nós são feitas através de um protocolo de encaminhamento que, de um modo geral, se divide em três: protocolo de encaminhamento reativo (a pedido), protocolo de encaminhamento proactivo (baseado em tabelas) e protocolo de encaminhamento híbrido.

O mecanismo reativo é também conhecido como mecanismo a pedido. Este mecanismo determina o caminho apenas quando solicitado pela fonte. O mecanismo encontra uma rota a pedido, inundando a rede com pacotes de pedido de rota (RREQ). Só são detectadas novas rotas quando necessário. Exemplos deste protocolo incluem o Ad hoc On-Demand Distant Vetor Routing (AODV) e o Dynamic Source Routing (DSR). A principal desvantagem desta rede é o elevado tempo de latência na procura de rotas e o excesso de inundações pode levar ao entupimento da rede (Nidhi & Yogesh, 2015). No protocolo reativo, a sobrecarga de encaminhamento não é tão elevada como no protocolo proactivo, porque apenas mantém as rotas utilizadas ativamente.

O mecanismo proactivo, também conhecido como table driven, é um mecanismo que utiliza informações adquiridas de nós vizinhos para decidir qual a rota a seguir. Utiliza protocolos periódicos. Todos os nós têm tabelas com informações de encaminhamento que são actualizadas a intervalos regulares. Os nós da rede precisam de ter informações sobre a topologia da rede. Exemplos deste protocolo, entre outros, incluem o Optimized Link State Routing Protocol (OLSR) e o Destination Sequenced Distant Vetor Routing (DSDV). A desvantagem desta rede é a lentidão de reação na reconstrução e nas falhas e a respectiva quantidade de dados para manutenção (Nidhi & Yogesh, 2015).

O protocolo proactivo pode ser dividido em dois grupos: o algoritmo de estado da ligação e o algoritmo de vetor de distância (Nilsson, *et al*, 2002). No algoritmo de estado da ligação, é necessário que todos os nós conheçam a topologia completa da rede. Cada nó envia a lista dos seus nós vizinhos para os outros nós. Esta atualização é utilizada para lidar com a mobilidade dos nós. O algoritmo do caminho mais curto pode agora ser utilizado para calcular um caminho para os pacotes. A principal desvantagem deste algoritmo é a elevada quantidade de tráfego de encaminhamento quando a mobilidade é elevada, cada mudança de ligação é comunicada a todos os nós da rede. No Vetor de Distância, cada nó mantém uma tabela com uma entrada para cada nó de destino na rede, que especifica a distância e o vizinho do próximo salto para chegar ao destino. As tabelas são actualizadas periodicamente através da troca de tabelas de encaminhamento com os nós vizinhos. Uma das desvantagens do vetor de distância é a fraca escalabilidade devido à troca periódica de mensagens e ao facto de o tamanho da mensagem ser proporcional ao número de destinos.

O protocolo híbrido é o protocolo que combina as características dos protocolos reativo e proactivo. Cada nó mantém a informação de encaminhamento sobre a sua zona utilizando a abordagem proactiva. Fora da zona, utiliza a abordagem reactiva. A desvantagem é que a vantagem depende do número de outros nós activados e a reação à procura de tráfego depende do gradiente do volume de tráfego. Entre outros exemplos, incluem-se o Zone Routing Protocol (ZRP) e o Hybrid Adaptive Routing Protocol (HARP) (Nidhi & Yogesh, 2015).

Existem várias métricas de desempenho que devem ser consideradas ao avaliar o desempenho de um protocolo de encaminhamento (Shakeel *et al* 2009). Algumas das principais métricas incluem: rendimento, utilização de ligações, comprimento médio das filas de espera, rácio de entrega de pacotes e atraso de pacotes de extremo a extremo.

Este projeto é levado a cabo para examinar alguns protocolos no âmbito do protocolo de encaminhamento reativo e do protocolo de encaminhamento proactivo, de modo a determinar aquele que apresenta o melhor desempenho utilizando as métricas de desempenho acima enumeradas. A integração do protocolo com o melhor desempenho em cada protocolo de encaminhamento resultará num protocolo híbrido que será agora medido em comparação com os protocolos de encaminhamento híbridos existentes.

1.2 Declaração do problema

O congestionamento ocorre como resultado de uma procura superior aos recursos disponíveis na rede, que pode facilmente propagar-se de uma parte da rede para toda a rede, o que, por sua vez, afecta seriamente a qualidade do serviço prestado pela rede. O congestionamento pode ser desastroso para a transmissão de dados, pois resulta no esgotamento de recursos que são vitais para o sistema operativo.

De acordo com Kumaran *et al* (2011), a perda de pacotes, os atrasos consideráveis, os cenários injustos e a baixa taxa de transferência resultam do congestionamento que, por sua vez, afecta o desempenho geral de toda a rede, pelo que é necessário erradicar/reduzir a taxa de perda de pacotes para melhorar o desempenho, reduzir o consumo de energia, reduzir os atrasos e aumentar a fiabilidade da rede.

A necessidade de um encaminhamento correto dos pacotes é importante nas redes ad hoc, uma vez que a taxa de mobilidade dos nós é elevada devido à topologia não fixa/não definida e à falta de infra-estruturas de base. As mensagens têm de ser enviadas de um remetente para o destinatário pretendido, mesmo sem uma ligação direta. Este é o principal problema das redes ad hoc, porque os encaminhadores se deslocam de qualquer maneira e a qualquer momento de forma imprevisível, o que torna o encaminhamento difícil.

De acordo com Kishwer *et al,* (2014), o encaminhamento adequado pode ser utilizado para lidar com o congestionamento. As técnicas adoptadas para o encaminhamento adequado das redes infra-estruturais não são suficientes para resolver o problema das redes ad hoc devido à sua topologia indefinida. Esta situação exige a criação de um protocolo de encaminhamento que ajude a gerir o congestionamento nas redes ad hoc, de modo a melhorar a qualidade da rede e a qualidade do serviço prestado pela rede.

1.3   Objetivo do estudo

O objetivo geral deste projeto é desenvolver um protocolo de encaminhamento híbrido que melhore a qualidade do serviço em redes ad hoc através do controlo do congestionamento, uma vez que o congestionamento é um fator chave que devora a qualidade do serviço em redes ad hoc.

Os objectivos específicos são os seguintes

1. Efetuar um estudo comparativo dos protocolos de encaminhamento proactivo e reativo, bem como avaliar e medir o desempenho de vários algoritmos em cada protocolo;

2. selecionar os algoritmos mais eficientes para cada protocolo, de modo a integrar os dois algoritmos mais eficientes e

3. Efetuar a medição do desempenho e o estudo comparativo do protocolo desenvolvido com os protocolos híbridos existentes.

1.4   Motivação

A prestação de um bom serviço nas redes ad hoc consiste em garantir que as propriedades necessárias ao bom funcionamento da rede sejam mantidas para todos os nós que nela operam. Isto pode ser dificultado pelo congestionamento e os protocolos existentes que foram criados para lidar com o congestionamento nas redes ad hoc variam em termos de desempenho quando analisados utilizando várias métricas. Um bom serviço é oferecido quando o desempenho de um protocolo é adequado quando medido com recurso a várias métricas, como a taxa de transferência, a taxa de entrega de pacotes, o atraso extremo-a-extremo, a sobrecarga de encaminhamento, a utilização da ligação e o comprimento médio da fila. A necessidade de garantir uma boa prestação de serviços, reduzindo o congestionamento em redes ad hoc, apesar do desafio de manter rotas que tendem a mudar de forma imprevisível, é a motivação para este projeto.

1.5   Metodologia

Para atingir os objectivos definidos para este projeto, serão adoptados os seguintes procedimentos.

1. A abordagem de simulação será utilizada para simular o ambiente da rede ad hoc, de modo a avaliar e medir o desempenho de cada algoritmo no âmbito dos protocolos de encaminhamento reativo e proactivo.

2. As métricas de avaliação de desempenho que serão utilizadas para avaliar o desempenho dos

protocolos são a taxa de transferência, a taxa de perda de pacotes e o atraso extremo-a-extremo.

3. O simulador NS-2 será utilizado para a abordagem de simulação.

1.6   Importância do estudo

Este trabalho de investigação permitirá informar os criadores de redes sobre o melhor protocolo a aplicar no que respeita às redes ad hoc e ajudará também a reduzir a taxa de congestionamento nas redes ad hoc, melhorando assim a qualidade do serviço através de um protocolo de encaminhamento adequado e apropriado. Contribui também para as soluções existentes que os investigadores desenvolveram para ultrapassar os desafios das redes ad hoc, que incluem a segurança, o controlo do congestionamento, o encaminhamento, a qualidade do serviço, o consumo de energia, entre outros (Phogat & Kumar, 2015).

CAPÍTULO 2
REVISÃO DA LITERATURA

2.1   Introdução

No atual mundo das tecnologias, em rápido crescimento, cada vez mais empresas compreendem as vantagens da utilização de redes informáticas. Dependendo da dimensão e dos recursos da empresa, pode tratar-se de uma pequena rede local com apenas algumas dezenas de computadores; no entanto, nas grandes empresas, as redes podem tornar-se numa enorme e complexa mistura de computadores e servidores.

Uma rede informática é um sistema de comunicação entre computadores. Estas redes podem ser fixas (por cabo, permanentes) ou temporárias (como através de modems ou modems nulos). O transporte de instruções entre máquinas de calcular e os primeiros computadores era efectuado por utilizadores humanos. Em setembro de 1940, George Stibitz utilizou uma máquina de teletipo para enviar instruções para um conjunto de problemas do seu Modelo K no Dartmouth College em New Hampshire para a sua Calculadora de Números Complexos em Nova Iorque e recebeu os resultados de volta pelo mesmo meio (Sumyla, 2006). A ligação de sistemas de saída como os teletipos aos computadores era um interesse da Agência de Projectos de Investigação Avançada (ARPA) quando, em 1962, J.C.R. Licklider foi contratado e desenvolveu um grupo de trabalho a que chamou "Rede Intergaláctica", um precursor da ARPANet. Em 1964, investigadores de Dartmouth desenvolveram um sistema de partilha de tempo para utilizadores distribuídos de grandes sistemas informáticos. No mesmo ano, no MIT, um grupo de investigação apoiado pela General Electric e pelos Bell Labs utilizou um computador (o PDP-8 da DEC) para encaminhar e gerir ligações telefónicas. Em 1968, Paul Baran propôs um sistema de rede constituído por datagramas ou pacotes que podiam ser utilizados numa rede de comutação de pacotes entre sistemas informáticos. Em 1969, a Universidade da Califórnia em Los Angeles, o SRI (em Stanford), a Universidade da Califórnia em Santa Bárbara e a Universidade de Utah foram ligadas como o início da rede ARPANet, utilizando circuitos de 50 kbit/s. As redes e as tecnologias necessárias para as ligar e comunicar através delas e entre elas continuam a impulsionar as indústrias de hardware, software e periféricos. Esta expansão é espelhada pelo crescimento do número e do tipo de utilizadores das redes, desde investigadores e empresas a famílias e indivíduos que as utilizam no dia a dia (Sumyla, 2006).

Desde o seu aparecimento na década de 1970, as redes sem fios tornaram-se cada vez mais populares no sector da informática. Isto é particularmente verdade na última década, em que as redes sem fios foram adaptadas para permitir a mobilidade. Existem atualmente duas variações de redes móveis sem fios. A primeira é conhecida como redes infra-estruturadas, ou seja, as redes com gateways fixos e com fios. As pontes para estas redes são conhecidas como estações de base. Uma unidade móvel nestas redes liga-se à estação de base mais próxima que se encontra no seu raio de comunicação e comunica com ela. Quando o telemóvel sai do raio de alcance de uma estação de base e entra no raio de alcance de outra, ocorre um "handoff" da estação de base antiga para a nova, e o telemóvel pode continuar a comunicar sem problemas em toda a rede. As aplicações típicas deste tipo de rede incluem uma vez as redes locais sem fios (WLAN).

O segundo tipo de rede móvel sem fios é a rede móvel sem infra-estruturas, normalmente conhecida como rede ad-hoc. As redes sem infra-estruturas não têm encaminhadores fixos; todos os nós são capazes de se mover e podem ser ligados dinamicamente de forma arbitrária. Os nós destas redes funcionam como encaminhadores que descobrem e mantêm rotas para outros nós da rede. Exemplos de aplicações das redes ad-hoc são as operações de busca e salvamento de emergência, reuniões ou convenções em que as pessoas desejam partilhar rapidamente informações e operações de aquisição de dados em terrenos inóspitos (Sumyla, 2006).

2.2   Antecedentes históricos das redes Ad Hoc

A história das redes ad hoc remonta a 1972 e à Packet Radio Network (PRNET) patrocinada pelo DoD (Departamento de Defesa), que evoluiu para o programa Survivable Adaptive Radio Networks (SURAN) no início dos anos 80 (Freebersyser & Leiner, 2001) . O objetivo destes programas era fornecer uma rede comutada por pacotes a elementos móveis do campo de batalha num ambiente hostil e sem infra-estruturas (soldados, tanques, aviões, etc., constituindo os nós da rede). A PRNET utilizou uma combinação de abordagens ALOHA (Areal Location of Hazardous Atmospheres) e CSMA (Carrier Sense Multiple Access) para acesso ao meio e uma espécie de encaminhamento por vetor de distância (Ram & Redi, 2002). O SURAN melhorou significativamente os rádios (tornando-os mais pequenos, mais baratos e mais económicos em termos de potência), a escalabilidade dos algoritmos e a resistência aos ataques electrónicos. Os protocolos de encaminhamento baseavam-se no estado da ligação hierárquica e eram altamente escaláveis. No início da década de 1990, uma série de novos desenvolvimentos assinalou uma nova fase nas redes ad hoc. Os computadores portáteis tornaram-se populares, tal como o software de código aberto e o equipamento de comunicações viável baseado em RF e infravermelhos. A ideia de um conjunto de anfitriões móveis sem infra-estruturas foi proposta em dois documentos de conferência (Perkins *et al* 1994, Johnson 1994) e o subcomité IEEE 802.11 adoptou o termo "redes ad hoc". O conceito de rede ad hoc comercial (não militar) tinha chegado. Foram sugeridas outras novas possibilidades não militares (como mencionado na introdução) e o interesse aumentou. Mais ou menos na mesma altura, o DoD continuou de onde tinha parado, financiando programas como o Global Mobile Information Systems (GloMo) e o Near-term Digital Radio (NTDR). O objetivo do GloMo era fornecer conetividade multimédia do tipo Ethernet em ambiente de escritório, a qualquer hora e em qualquer lugar, em dispositivos portáteis. As abordagens de acesso aos canais eram agora do tipo CSMA/CA e TDMA, tendo sido desenvolvidos vários esquemas inovadores de encaminhamento e controlo da topologia. A NTDR utilizou o agrupamento e o encaminhamento de estado de ligação e auto-organizou-se numa rede ad hoc de dois níveis. Atualmente utilizada pelo exército dos EUA, a NTDR é a única rede ad hoc "real" (não prototípica) utilizada atualmente. Estimuladas pelo interesse crescente nas redes ad hoc, várias actividades de normalização e normas comerciais evoluíram em meados e finais da década de 90. No âmbito da IETF, o grupo de trabalho Mobile Ad Hoc Net- working (MANET) foi criado e procurou normalizar os protocolos de encaminhamento para redes ad hoc. O desenvolvimento de protocolos de encaminhamento no grupo de trabalho MANET e na comunidade em geral dividiu-se em protocolos de encaminhamento reactivos (rotas a pedido) e proactivos (rotas prontas a usar) (Freebersyser & Leiner, 2001). O subcomité 802.11 padronizou um protocolo de acesso ao meio que se baseava na prevenção de colisões e tolerava terminais ocultos, tornando-o utilizável, se não ótimo, para a construção de protótipos de redes móveis ad hoc a partir de computadores portáteis e cartões PCMCIA 802.11. HIPΞRLAN e Bluetooth foram alguns outros padrões que abordaram e beneficiaram as redes ad hoc (Freebersyser & Leiner, 2001).

2.3   Abordagens móveis sem fios

Na última década, a rede móvel é a única técnica computacional muito importante para apoiar a computação e a generalização, e os avanços tanto nas técnicas de software como nas técnicas de hardware resultaram em anfitriões móveis e redes sem fios comuns e diversas. Existem duas abordagens distintas que permitem que as redes móveis sem fios ou IEEE 802.11 estabeleçam uma comunicação entre si (IEEE Computer Society, 1999). Em primeiro lugar, as redes sem fios com infra-estruturas e, em segundo lugar, as redes sem infra-estruturas (também conhecidas por redes ad hoc) (IEEE Computer Society, 1997).

2.3.1   Infra-estruturas de redes sem fios:

Esta arquitetura permite que as estações sem fios comuniquem entre si, e este tipo de rede depende de uma terceira parte fixa que se chama Estação de Base, e que irá entregar o tráfego oferecido pela estação a outra, a mesma entidade irá regular ou organizar a atribuição de recursos de rádio. Quando um nó de origem tenta comunicar com um nó de destino, o primeiro notifica a estação de base. Nesta altura, os nós comunicantes não precisam de saber nada sobre a rota de um nó para outro. Tudo o que importa é que tanto o nó de origem como o nó de destino estejam dentro do alcance de transmissão da estação de base (Frodigh *et al*, 2000).

2.3.2   Redes sem fios sem infra-estruturas:

Esta rede móvel sem fios é conhecida como rede Ad Hoc. Define-se como um conjunto de dois ou mais dispositivos ou nós ou terminais com comunicações sem fios e capacidade de ligação em rede que comunicam entre si sem a ajuda de qualquer administrador centralizado, bem como os nós sem fios que podem formar dinamicamente uma rede para trocar informações sem utilizar qualquer infraestrutura de rede fixa existente. Trata-se de um sistema autónomo em que os anfitriões móveis ligados por ligações sem fios podem ser dinâmicos e, por vezes, atuar como encaminhadores ao mesmo tempo.

2.4   Tipos de redes Ad hoc

A rede Ad Hoc sem fios divide-se em dois tipos principais (Saleh *et al*, 2010): em primeiro lugar, a rede Ad Hoc quase-estática e, em segundo lugar, a rede Ad Hoc móvel (MANET). Na rede Ad Hoc quase-estática, os nós podem ser portáteis ou estáticos, devido aos controlos de energia e às falhas de ligação, a topologia da rede resultante pode ser assim ativa. A rede de sensores é um exemplo de rede Ad Hoc quase-estática (Saleh *et al*, 2010). Na rede Ad Hoc móvel (MANET), toda a rede pode ser móvel e os nós podem mover-se rapidamente uns em relação aos outros.

2.4.1 Rede de sensores Ad Hoc quase-estática

Uma rede de sensores ad-hoc quase estática segue uma sequência mais ampla de operações e necessita de um procedimento de configuração menos complexo do que as redes de sensores típicas, que comunicam diretamente com o controlador centralizado. Um sensor ad-hoc móvel ou uma rede ad-hoc híbrida inclui vários sensores espalhados numa grande área geográfica. Cada sensor é competente no manuseamento de comunicações móveis e possui algum nível de inteligência para processar sinais e transmitir dados. Para suportar comunicações encaminhadas entre dois nós móveis, o protocolo de encaminhamento determina a conetividade do nó e encaminha os pacotes em conformidade. Esta condição tornou a rede de sensores ad-hoc móvel altamente flexível, pelo que pode ser implantada em quase todos os ambientes. As redes de sensores ad-hoc sem fios estão agora na moda para os investigadores. Isto deve-se às novas características destas redes, que eram desconhecidas ou, pelo menos, não estavam sistematizadas no passado. São muitas as vantagens desta rede, nomeadamente

- Utilizar para construir uma rede em grande escala

- Implementação de protocolos sofisticados

- Reduzir a quantidade de comunicação (sem fios) necessária para a realização de tarefas por precipitações distribuídas e/ou locais.

- Implementação de modos de funcionamento complexos de poupança de energia em função do ambiente e do estado da rede.

Com os avanços acima referidos na tecnologia das redes de sensores, as aplicações funcionais das redes de sensores sem fios continuam a surgir cada vez mais. Os exemplos incluem a substituição do esquema de deteção de incêndios florestais existente em todo o mundo. Utilizando redes de sensores, o tempo de deteção pode ser reduzido significativamente. Em segundo lugar, a aplicação nos grandes edifícios que atualmente utilizam vários sensores ambientais e um sistema de controlo complexo para executar as redes de sensores com fios. Numa rede de sensores ad-hoc móvel, cada anfitrião pode estar equipado com uma variedade de sensores que podem ser organizados para detetar diferentes eventos locais. Além disso, uma rede de sensores ad-hoc requer baixos custos de instalação e administração (Akkaya *et al*, 2005).

2.4.2 Redes móveis ad hoc (MANET)

A rede ad hoc móvel (MANET) é um grupo de dispositivos móveis de rede independentes que estão ligados através de várias ligações sem fios. Funciona relativamente bem com uma largura de banda limitada. As topologias de rede são dinâmicas e podem variar de tempos a tempos. Cada dispositivo deve atuar como um encaminhador para transferir o tráfego entre si. Esta rede pode funcionar isoladamente ou ser integrada numa rede de grande dimensão. Existem três tipos de MANET. Incluem as redes ad hoc veiculares (VANET), as redes ad hoc veiculares inteligentes (InVANET) e as redes ad hoc móveis baseadas na Internet (iMANET). O conjunto de aplicações para as MANET pode variar desde pequenas redes estáticas, limitadas por fontes de energia, até redes em grande escala, móveis e altamente dinâmicas. Para além disso, a conceção de protocolos de rede para este tipo de redes depara-se com uma questão multifacetada. Para além da aplicação, as MANET necessitam de algoritmos distribuídos bem organizados para determinar a organização da rede, a programação das ligações e o encaminhamento. O encaminhamento convencional não funciona neste ambiente distribuído porque a topologia da rede pode mudar em qualquer altura. Por conseguinte, são necessários algoritmos de encaminhamento sofisticados que tenham em conta esta questão importante (topologia da rede móvel). Embora o caminho mais curto (baseado numa dada função de custo) de uma fonte para um destino numa rede estática seja normalmente o caminho ótimo, esta ideia não é facilmente aplicável às MANET. Alguns dos factores que se tornaram os principais problemas no encaminhamento incluem a qualidade variável das ligações sem fios, a perda de propagação, o desvanecimento, a interferência, o consumo de energia e as alterações topológicas da rede. Este tipo de condições está a ser provocado num ambiente militar porque, para além destes problemas de encaminhamento, também é necessário garantir a segurança dos activos, a latência, a fiabilidade, a proteção contra interferências intencionais e a recuperação de falhas. O não cumprimento de qualquer um destes requisitos pode diminuir o desempenho e a fiabilidade da rede.

2.5   Desafios das redes ad hoc

Independentemente das aplicações atractivas, as características da rede Ad hoc introduzem vários desafios que devem ser estudados cuidadosamente. Estes incluem (Chlamtac *et al*, 2003, HaoYang *et al*, 2004, Ankur *et al*, 2013)

Topologias dinâmicas: Os nós são livres de se deslocarem arbitrariamente; assim, a topologia da rede, que é normalmente multi-saltos, pode mudar aleatória e rapidamente em alturas imprevisíveis e pode consistir em ligações bidireccionais e unidireccionais.

Encaminhamento: Uma vez que a topologia da rede está constantemente a mudar, a questão do encaminhamento de pacotes entre qualquer par de nós torna-se uma tarefa difícil. A maioria dos protocolos deve basear-se no encaminhamento reativo em vez do proactivo. O encaminhamento multi-cast é outro desafio porque a árvore multi-cast já não é estática devido ao movimento aleatório dos nós dentro da rede. As rotas entre nós podem potencialmente conter múltiplos saltos, o que é mais complexo do que a comunicação de um único salto.

Descoberta de dispositivos - A identificação de nós relevantes recentemente instalados e a informação sobre a sua existência necessitam de uma atualização dinâmica para facilitar a seleção automática e optimizada de rotas.

Ligações de capacidade variável com limitações de largura de banda: As ligações sem fios continuarão a ter uma capacidade significativamente inferior à das suas congéneres com fios.

Restrição de energia e funcionamento: Alguns ou todos os nós de uma MANET podem depender de baterias ou de outros meios esgotáveis para obter energia. Para estes nós, o critério de conceção do sistema mais importante para a otimização pode ser a conservação de energia. Para a maioria dos terminais móveis leves, as funções relacionadas com a comunicação devem ser optimizadas para um consumo de energia reduzido. A conservação de energia e o encaminhamento consciente da energia devem ser tidos em consideração.

Segurança e fiabilidade: Para além das vulnerabilidades comuns da ligação sem fios, uma rede ad hoc tem os seus problemas de segurança específicos devido, por exemplo, à retransmissão de pacotes por vizinhos desagradáveis. A caraterística de funcionamento distribuído exige diferentes esquemas de autenticação e gestão de chaves. Além disso, as características da ligação sem fios introduzem também problemas de fiabilidade, devido ao alcance limitado da transmissão sem fios, à natureza de difusão do meio sem fios (por exemplo, o problema do terminal oculto), às perdas de pacotes induzidas pela mobilidade e aos erros de transmissão de dados. As redes móveis sem fios são geralmente mais propensas a ameaças à segurança física do que as redes fixas com cabo. A maior possibilidade de escutas, falsificação e ataques de negação de serviço deve ser cuidadosamente considerada.

Qualidade de serviço (QoS): Fornecer diferentes níveis de qualidade de serviço num ambiente em constante mudança será um desafio. A caraterística estocástica inerente à qualidade das comunicações numa MANET torna difícil oferecer garantias fixas sobre os serviços oferecidos a um dispositivo. Deve ser implementada uma QoS adaptativa em vez da tradicional reserva de recursos para suportar os serviços multimédia.

Interligação em rede: Para além da comunicação no interior de uma rede ad hoc, espera-se, em muitos casos, a interconexão entre as MANET e as redes fixas (principalmente baseadas no IP). A coexistência de protocolos de encaminhamento num dispositivo móvel deste tipo constitui um desafio para a gestão harmoniosa da mobilidade.

Multicast: O multicast é desejável para suportar comunicações sem fios multipartidárias. Uma vez que a árvore multicast já não é estática, o protocolo de encaminhamento multicast deve ser capaz de lidar com a mobilidade, incluindo a dinâmica da filiação multicast (saída e entrada).

Encaminhamento móvel na camada IP: Uma capacidade melhorada de encaminhamento móvel na camada IP pode proporcionar um benefício semelhante à intenção da Internet original, ou seja, "uma capacidade interoperável de ligação à Internet através de uma infraestrutura de rede heterogénea".

Problema do buraco de difusão: Os nós localizados nos limites dos buracos podem sofrer um consumo excessivo de energia, uma vez que o encaminhamento geográfico tende a entregar pacotes de dados ao longo dos limites do buraco através do encaminhamento perimetral, se for necessário contornar o buraco. Este facto pode aumentar o buraco devido ao consumo excessivo de energia dos nós situados nos limites do nó.

Congestionamento: Quando a transmissão de pacotes na rede é superior à capacidade da rede, surge o problema do congestionamento. Os pacotes são eliminados e o desempenho da rede diminui devido ao congestionamento. Simplesmente, congestionamento significa sobrelotação. Na rede ad-hoc, a sobrecarga de pacotes pode estar presente em todos os nós, o que pode causar a perda de pacotes, pelo que os dados não são entregues com êxito no destino (Phogat & Kumar, 2015).

2.6   Gestão do congestionamento em redes ad hoc

Foram criados vários mecanismos para lidar com o congestionamento das redes ad hoc. Estes mecanismos são designados por mecanismos de gestão do congestionamento. O encaminhamento numa rede ad hoc é uma forma de lidar com o congestionamento. A descoberta e a manutenção de rotas entre nós são feitas através de um protocolo de encaminhamento que, de um modo geral, se divide em três: protocolo de encaminhamento reativo (a pedido), protocolo de encaminhamento proactivo (baseado em tabelas) e protocolo de encaminhamento híbrido.

2.6.1   O mecanismo reativo:

Este mecanismo é também conhecido como mecanismo a pedido. Este mecanismo é ativado quando é detectado um congestionamento num nó.

Os nós portáteis, como computadores portáteis, palmtops ou mesmo telemóveis, compõem normalmente as redes ad-hoc sem fios. Essa portabilidade também traz um problema significativo de mobilidade. Esta é uma questão fundamental nas redes ad-hoc. A mobilidade dos nós faz com que a topologia da rede mude constantemente. Manter o controlo desta topologia não é uma tarefa fácil, e podem ser consumidos demasiados recursos na sinalização. Os protocolos de encaminhamento reactivos foram concebidos para este tipo de ambientes. Eles se baseiam na conceção de que não faz sentido tentar ter uma imagem de toda a topologia da rede, já que ela estará em constante mudança. Em vez disso, sempre que um nó precisa de uma rota para um determinado destino, inicia um processo de descoberta de rota em tempo real, para descobrir um caminho (Elizabeth M. *et al*, 1999).

O mecanismo encontra uma rota a pedido, inundando a rede com pacotes de pedido de rota (RREQ). Só são detectadas novas rotas quando necessário. A principal desvantagem desta rede é o elevado tempo de latência na procura de rotas e o excesso de inundações pode levar ao entupimento da rede (Nidhi & Yogesh 2015). No protocolo reativo, a sobrecarga de encaminhamento não é tão elevada como no protocolo proactivo, porque apenas mantém as rotas utilizadas ativamente.

Exemplos deste protocolo, entre outros, incluem o:

Ad hoc On-Demand Distant Vetor Routing (AODV),

Dynamic Source Routing (DSR),

Algoritmo de encaminhamento temporário ordenado (TORA),

Encaminhamento baseado em associatividade (ABR).

2.6.1.1 Ad hoc On-Demand Distant Vetor (AODV):

O encaminhamento Ad hoc On-Demand Distance Vetor (AODV) é um protocolo de encaminhamento para redes ad hoc móveis e outras redes ad hoc sem fios. Foi desenvolvido conjuntamente no Centro de Investigação Nokia da Universidade da Califórnia, Santa Barbara e da Universidade de Cincinnati por C. Perkins e S. Das. É um protocolo de encaminhamento a pedido e de vetor de distância, o que significa que o AODV estabelece uma rota a partir de um destino apenas a pedido (Perkins *et al*, 2005). O AODV é capaz de efetuar encaminhamentos unicast e multicast (Perkins *et al* 1999). Mantém estas rotas enquanto forem desejadas pelas fontes. Além disso, o AODV cria árvores que ligam os membros do grupo multicast. As árvores são compostas pelos membros do grupo e pelos nós necessários para ligar os membros. Os números de sequência são utilizados pelo AODV para garantir a atualidade das rotas. É livre de loops, auto-iniciável e escalável para um grande número de nós móveis (Mahbubul *et al*, 2011). O AODV define três tipos de mensagens de controlo para a manutenção de rotas:

Pedido de rota (RREQ) - Uma mensagem de pedido de rota é transmitida por um nó que necessita de uma rota para um nó. Como otimização, o AODV utiliza uma técnica de anel em expansão ao enviar estas mensagens. Cada RREQ tem um valor de tempo de vida (TTL) que indica para quantos saltos esta mensagem deve ser encaminhada. Este valor é definido para um valor predefinido na primeira transmissão e aumentado nas retransmissões. As retransmissões ocorrem se não forem recebidas respostas. Pacotes de dados à espera de serem transmitidos (ou seja, os pacotes que iniciaram o RREQ). Cada nó mantém dois contadores separados: um número de sequência do nó e um ID de difusão. O RREQ contém os seguintes campos (Perkins *et al*, 2005).

Endereço de origem, ID de difusão, N.º de sequência de origem, Endereço de destino, N.º de sequência de destino, Contagem de saltos.

O par <endereço de origem, ID de difusão> identifica de forma única um RREQ. O ID de difusão é incrementado sempre que a fonte emite um novo RREQ (Mahbubul *et al*, 2011).

Resposta de rota (RREP) - Uma mensagem de resposta de rota é enviada de volta para o originador de um RREQ se o recetor for o nó que utiliza o endereço solicitado ou se tiver uma rota válida para o endereço solicitado. A razão pela qual se pode enviar a mensagem de volta é que cada rota que encaminha um RREQ armazena em cache uma rota de volta para o originador.

Erro de rota (RERR) - Os nós monitorizam o estado da ligação dos próximos saltos em rotas activas. Quando é detectada uma quebra de ligação numa rota ativa, é utilizada uma mensagem RERR para notificar os outros nós da perda da ligação. Para permitir este mecanismo de notificação, cada nó mantém uma "lista de precursores", contendo o endereço IP de cada um dos seus vizinhos que provavelmente o utilizarão como próximo salto para cada destino.

O AODV constrói rotas utilizando um ciclo de consulta de pedido de rota/resposta de rota. Quando um nó de origem deseja uma rota para um destino para o qual ainda não tem uma rota, transmite um pacote de pedido de rota (RREQ) através da rede (Abdul *et al*, 2009). Os nós que recebem este pacote actualizam as suas informações sobre o nó de origem e estabelecem ponteiros de retorno para o nó de origem nas tabelas de rotas. Para além do endereço IP do nó de origem, do número de sequência atual e da ID de difusão, o RREQ também contém o número de sequência mais recente para o destino de que o nó de origem tem conhecimento (Abdul *et al*, 2009, Mahbubul *et al*, 2011). Um nó que receba o RREQ pode enviar uma resposta de rota (RREP) se for o destino ou se tiver uma rota para o destino com um número de sequência igual ou superior ao contido no RREQ. Se for esse o caso, envia um RREP de volta à fonte. Caso contrário, retransmite o RREQ. Os nós registam o endereço IP de origem e o ID de difusão do RREQ.

Se receberem um RREQ que já tenham processado, descartam o RREQ e não o reencaminham. À medida que o RREP se propaga de volta à fonte, os nós estabelecem apontadores de encaminhamento para o destino (Mahbubul *et al*, 2011). Quando o nó de origem recebe o RREP, pode começar a encaminhar pacotes de dados para o destino. Se a fonte receber mais tarde um RREP com um número de sequência maior ou com o mesmo número de sequência com uma contagem de saltos menor, pode atualizar as suas informações de encaminhamento para esse destino e começar a utilizar a melhor rota. Enquanto a rota permanecer ativa, continuará a ser mantida. Uma rota é considerada ativa enquanto houver pacotes de dados a viajar periodicamente da fonte para o destino ao longo desse caminho. Quando a fonte deixa de enviar pacotes de dados, as ligações esgotam-se e acabam por ser eliminadas das tabelas de encaminhamento dos nós intermédios. Se ocorrer uma quebra de ligação enquanto a rota estiver ativa, o nó a montante da quebra propaga uma mensagem de erro de rota (RERR) ao nó de origem para o informar dos destinos agora inalcançáveis. Depois de receber a mensagem RERR, se o nó de origem ainda desejar a rota, pode reiniciar a descoberta da rota. As rotas multicast são estabelecidas de forma semelhante. Um nó que pretenda aderir a um grupo multicast difunde um RREQ com o endereço IP de destino definido como o do grupo multicast e com o sinalizador "J" (join) definido para indicar que pretende aderir ao grupo. Qualquer nó que receba este RREQ que seja membro da árvore multicast e que tenha um número de sequência suficientemente recente para o grupo multicast pode enviar um RREP. À medida que os RREP se propagam de volta para a fonte, os nós que encaminham a mensagem estabelecem ponteiros nas suas tabelas de rotas multicast. À medida que o nó de origem recebe os RREP, mantém o registo da rota com o número de sequência mais recente e, para além disso, a contagem de saltos mais pequena para o membro seguinte do grupo multicast. Após o período de descoberta especificado, os nós de origem enviam uma mensagem de ativação multicast (MACT) para o seu próximo salto selecionado. Esta mensagem tem como objetivo ativar a rota. Um nó que não receba esta mensagem e que tenha configurado um ponteiro de rota multicast atingirá o tempo limite e apagará o ponteiro. Se o nó que recebe o MACT não fizer já parte da árvore multicast, terá também estado a manter o registo da melhor rota a partir dos RREP que recebeu. Por isso, deve também unicastar um MACT para o seu próximo salto, e assim sucessivamente até chegar a um nó que tenha sido previamente membro da árvore multicast. O AODV mantém as rotas durante o tempo em que a rota está ativa. Isto inclui a manutenção de uma árvore multicast durante toda a vida do grupo multicast. Como os nós da rede são móveis, é provável que ocorram muitas quebras de ligação ao longo de uma rota durante o tempo de vida dessa rota (Mahbubul *et al*, 2011).

Características do AODV

De acordo com (Mahbubul *et al*, 2011), as características do AODV são as seguintes

- Comunicação Unicast, Broadcast e Multicast.

- Estabelecimento de rotas a pedido com pequeno atraso.

- As árvores multicast que ligam os membros do grupo são mantidas durante o tempo de vida do grupo multicast.

- As quebras de ligação em rotas activas são reparadas de forma eficiente.

- Todas as rotas são livres de loops através da utilização de números de sequência.

- Utilização de números de sequência para controlar a exatidão das informações.

- Apenas mantém o registo do próximo salto de uma rota em vez de toda a rota.

- Utilização de mensagens HELLO periódicas para localizar os vizinhos.

2.6.1.2 Encaminhamento dinâmico de fontes (DSR):

O Dynamic Source Routing (DSR) é um protocolo de encaminhamento para redes ad hoc. É semelhante ao AODV na medida em que estabelece uma rota a pedido quando um nó móvel transmissor a solicita. No entanto, utiliza o encaminhamento pela fonte em vez de se basear na tabela de encaminhamento em cada dispositivo intermédio (Kumar *et al*, 2008). O protocolo de encaminhamento de fonte dinâmica (DSR) é um protocolo de encaminhamento de fonte a pedido (Yuvaraju *et al*, 2010), em que toda a informação de encaminhamento é mantida (continuamente actualizada) nos nós móveis.

O DSR permite que a rede seja completamente auto-organizada e auto-configurável, sem necessidade de qualquer infraestrutura ou administração de rede existente. O protocolo é composto por dois mecanismos principais, que são a "descoberta de rotas" e a "manutenção de rotas", que funcionam em conjunto para permitir que os nós descubram e mantenham rotas para destinos arbitrários na rede ad hoc (Perkins *et al*, 2000).

Um caminho ótimo para uma comunicação entre um nó de origem e um nó de destino é determinado pelo processo de descoberta de rota. A manutenção da rota garante que o caminho de comunicação se mantém ótimo e livre de lacunas de acordo com a alteração das condições da rede, mesmo que para isso seja necessário alterar a rota durante uma transmissão. A resposta ao itinerário só será gerada se a mensagem tiver chegado ao nó de destino projetado (o registo do itinerário contido em primeiro lugar no pedido de itinerário será inserido na resposta ao itinerário).

Para devolver o Route Reply, o nó de destino deve ter uma rota para o nó de origem. Se a rota estiver na cache de rotas do nó de destino, a rota será utilizada. Caso contrário, o nó inverterá a rota com base no registo da rota no cabeçalho da mensagem de resposta ao itinerário (ligações simétricas). Em caso de transmissão fatal, é iniciada a fase de manutenção da rota, em que os pacotes de erro de rota são gerados num nó. O salto incorreto será retirado da cache de rotas do nó; todas as rotas que contêm o salto são reduzidas nesse ponto. Novamente, a fase de descoberta de rota é iniciada para determinar a rota mais viável. A principal diferença entre este e os outros protocolos de encaminhamento a pedido é o facto de não ter beacon e, por conseguinte, não necessitar de transmissões periódicas de pacotes hello (beacon), que são utilizados por um nó para informar os seus vizinhos da sua presença. A abordagem fundamental deste protocolo durante a fase de criação de rotas é lançar uma rota através da inundação de pacotes RREQ na rede. O nó de destino, ao receber um

O pacote RREQ, responde transferindo um pacote RREP de volta para a fonte, que transporta a rota percorrida pelo pacote RREQ recebido.

Um nó de destino, depois de receber o primeiro pacote RREQ, responde ao nó de origem através do caminho inverso que o pacote RREQ percorreu. Os nós também podem ser treinados sobre as rotas vizinhas percorridas por pacotes de dados se operados no modo promíscuo. Esta cache de rotas também é utilizada durante a fase de construção de rotas. Se um nó intermediário que recebe um RREQ tem uma rota para o nó de destino na sua cache de rotas, então responde ao nó de origem enviando um RREP com toda a informação de rota do nó de origem para o nó de destino.

2.6.1.3 Algoritmo de encaminhamento temporariamente ordenado (TORA)

O TORA (Temporarily-Ordered Routing Algorithm) é um algoritmo de encaminhamento distribuído, altamente adaptativo e sem lacunas, baseado no conceito de inversão de ligações. O TORA é proposto para funcionar num ambiente de rede móvel altamente dinâmico. É iniciado pela fonte e fornece múltiplas rotas para qualquer par de origem/destino desejado. O principal conceito de conceção do TORA é a localização de mensagens de controlo para um conjunto muito pequeno de nós perto da ocorrência de uma alteração topológica. Para o conseguir, os nós precisam de manter informação de encaminhamento sobre os nós adjacentes (1-hop). O protocolo executa três funções básicas: (a) criação de rotas, (b) manutenção de rotas e (c) eliminação de rotas.

Durante as fases de criação e manutenção de rotas, os nós utilizam uma métrica de "altura" para estabelecer um gráfico acíclico direto (DAG) com raiz no destino. Depois disso, é atribuída uma direção às ligações (a montante ou a jusante) com base na métrica da altura relativa dos nós vizinhos. Este processo de criação de um DAG é semelhante ao processo de consulta/resposta proposto no LMR (Lightweight Mobile Routing). Em momentos de mobilidade dos nós, a rota DAG é quebrada e a manutenção da rota é necessária para restabelecer um DAG com raiz no mesmo destino. Após a falha da última ligação a jusante, um nó gera um novo nível de referência que resulta na propagação desse nível de referência pelos nós vizinhos, coordenando efetivamente uma reação estruturada à falha. As ligações são invertidas para refletir a mudança na adaptação ao novo nível de referência. Isto tem o mesmo efeito que inverter a direção de uma ou mais ligações quando um nó não tem ligações a jusante.

A temporização é um fator importante para o TORA porque a métrica da "altura" é dependente do tempo lógico de uma falha de ligação; o TORA assume que todos os nós têm relógios sincronizados (conseguidos através de uma fonte de tempo externa tal como o Sistema de Posicionamento Global). A métrica do TORA é um quintuplo composto por cinco elementos, nomeadamente:

(a) tempo lógico de uma falha de ligação,

(b) a identificação única do nó que definiu o novo nível de referência,

(c) um bit indicador de reflexão,

(d) um parâmetro de ordenação da propagação, e

(e) a identificação única do nó. Os três primeiros elementos representam coletivamente o nível de referência.

Um novo nível de referência é definido cada vez que um nó perde a sua última ligação a jusante devido a uma falha de ligação. A fase de eliminação de rotas do TORA envolve essencialmente a inundação de um "pacote claro" de difusão (CLR) em toda a rede para apagar rotas inválidas.

2.6.1.4 Encaminhamento baseado na associatividade (ABR)

O protocolo Associativity-Based Routing (ABR) é livre de loops, deadlock e duplicação de pacotes, e define uma nova métrica de encaminhamento para redes móveis ad-hoc. Esta métrica é conhecida como o grau de estabilidade da associação. No ABR, uma rota é selecionada com base no grau de estabilidade da associação dos nós móveis. Cada nó gera periodicamente um sinalizador para indicar a sua existência. Quando recebido pelos nós vizinhos, este beaconing faz com que as suas tabelas de associatividade sejam actualizadas. Para cada beacon recebido, o tick de associatividade do nó atual em relação ao nó de beaconing é incrementado. A estabilidade da associação é definida pela estabilidade da ligação de um nó em relação a outro nó ao longo do tempo e do espaço. Um grau elevado de estabilidade de associação pode indicar um estado baixo de mobilidade do nó, enquanto um grau baixo pode indicar um estado elevado de mobilidade do nó. Os ticks de associatividade são reiniciados quando os vizinhos de um nó ou o próprio nó saem da proximidade. Um objetivo fundamental da ABR é obter rotas de maior duração para as redes móveis ad-hoc.

As três fases da ABR são: (a) descoberta de rotas, (b) reconstrução de rotas (RRC), e (c) eliminação de rotas. A fase de descoberta de rotas é efectuada através de um ciclo de consulta de difusão e espera de resposta (BQ-REPLY). Um nó que deseja uma rota difunde uma mensagem BQ em busca de telemóveis que tenham uma rota para o destino. Todos os nós que recebem a consulta (que não são o destino) anexam ao pacote de consulta os seus endereços e os seus ticks de associatividade com os seus vizinhos, juntamente com informação QoS. Um nó sucessor apaga as entradas de associação dos seus vizinhos do nó a montante e mantém apenas a entrada relativa a si próprio e ao seu nó a montante. Desta forma, cada pacote resultante que chega ao destino conterá os ticks de associatividade dos nós ao longo da rota para o destino. O destino é então capaz de selecionar a melhor rota examinando os ticks de associatividade ao longo de cada um dos caminhos. No caso de vários caminhos terem o mesmo grau global de estabilidade de associação, é selecionado o caminho com o número mínimo de saltos. O destino envia então um pacote REPLY de volta à fonte ao longo deste caminho. Os nós que propagam o REPLY marcam as suas rotas como válidas. Todas as outras rotas permanecem inactivas e a possibilidade de chegarem pacotes duplicados ao destino é evitada.

2.6.2 O mecanismo proactivo:

Também conhecido como table driven, é um mecanismo que utiliza informações adquiridas de nós vizinhos para decidir qual a rota a seguir. Utiliza protocolos periódicos. Todos os nós têm tabelas com informações de encaminhamento que são actualizadas a intervalos regulares. O mecanismo proactivo é um mecanismo que não espera pela ocorrência de congestionamento para o resolver. A desvantagem desta rede é a reação lenta na reconstrução e nas falhas e a respectiva quantidade de dados para manutenção (Nidhi & Yogesh 2015).

O protocolo proactivo pode ser dividido em dois grupos: o algoritmo de estado da ligação e o algoritmo do vetor de distância (Jan *et al*, 2002). No algoritmo de estado do link, é necessário que todos os nós conheçam a topologia completa da rede. Cada nó envia a lista dos seus nós vizinhos para os outros nós. Esta atualização é utilizada para lidar com a mobilidade dos nós. O algoritmo do caminho mais curto pode agora ser utilizado para calcular um caminho para os pacotes. A principal desvantagem deste algoritmo é a elevada quantidade de tráfego de encaminhamento quando a mobilidade é elevada, cada mudança de ligação é comunicada a todos os nós da rede.

No vetor de distância, cada nó mantém uma tabela com uma entrada para cada nó de destino na rede, que especifica a distância e o vizinho de salto seguinte para chegar ao destino. As tabelas são actualizadas periodicamente através da troca de tabelas de encaminhamento com os nós vizinhos. Uma das desvantagens do vetor de distância é a fraca escalabilidade devido à troca periódica de mensagens e ao facto de o tamanho da mensagem ser proporcional ao número de destinos.

Exemplos deste protocolo, entre outros, são

Protocolo de encaminhamento de estado de ligação optimizado (OLSR),

Encaminhamento por vectores distantes sequenciados no destino (DSDV),

Protocolo de encaminhamento sem fios (WRP),

Cluster Gate Switch Routing (CGSR).

2.6.2.1 Encaminhamento optimizado do estado da ligação (OLSR)

O Optimized Link State Routing (OLSR) é um protocolo de seleção de vizinhos baseado na topologia, em que cada nó apenas mantém um subconjunto de informações sobre a topologia da rede. O OLSR é um protocolo proactivo, porque troca regularmente as informações de topologia com outros nós para manter as informações necessárias para o encaminhamento. O OLSR reduz o custo de distribuição de informações de estado de enlace em escala de rede de duas maneiras. Em primeiro lugar, utiliza retransmissões multiponto (MPR) para reduzir a retransmissão redundante durante a operação de inundação. Esse é o conceito-chave do protocolo. Os MPR são nós seleccionados que reencaminham mensagens de difusão durante o processo de inundação.

Cada nó apenas transmite o estado dos nós no seu próprio conjunto de retransmissão multiponto. Este é um método para reduzir o conteúdo das mensagens de controlo. O conjunto de retransmissão multiponto de um nó é o subconjunto mínimo dos seus vizinhos de um salto, que devem retransmitir uma mensagem para que esta seja recebida por todos os seus vizinhos de dois saltos. Quando um nó envia uma mensagem de difusão, todos os seus vizinhos recebem e processam os dados. No entanto, apenas os vizinhos que pertencem ao conjunto de MPR do nó de origem e que não receberam anteriormente a mensagem a retransmitem. Isto reduz o número de mensagens de difusão

mensagens necessárias para enviar uma mensagem através da rede. Uma vez que cada nó selecciona o seu conjunto de MPR de forma independente, tem de conhecer a topologia da sua vizinhança de dois saltos, mas não é necessária coordenação adicional entre nós.

No protocolo OLSR, cada nó utiliza esta técnica de inundação para distribuir o estado da ligação do seu próprio conjunto de MPR. Isto é feito periodicamente. O período de atualização é mínimo quando é detectada uma alteração e, quando a rede se encontra num estado estável, só há actualizações entre intervalos de atualização. Cada nó utiliza a informação de topologia obtida para construir as suas tabelas de encaminhamento.

Para efeitos de deteção de vizinhos, o OLSR utiliza mensagens HELLO, uma vez que cada nó deve detetar as interfaces vizinhas com as quais tem uma ligação direta e simétrica. O OLSR pressupõe ligações bidireccionais, pelo que a conetividade deve ser verificada em ambas as direcções.

As mensagens HELLO são transmitidas para todos os vizinhos de um salto, mas não são retransmitidas para outros nós.

O OLSR é adequado para redes móveis grandes e densas, uma vez que a otimização obtida com a utilização dos MRP funciona bem neste contexto. Quanto maior e mais densa for a rede, mais otimização pode ser conseguida. O OLSR é adequado para redes em que o tráfego é aleatório e esporádico entre vários nós, em vez de ser quase exclusivamente entre um pequeno conjunto específico de nós.

2.6.2.2 Encaminhamento pelo vetor de distância sequenciado no destino (DSDV)

O protocolo Destination-Sequenced Distance-Vetor Routing (DSDV) é um algoritmo orientado por tabelas baseado no mecanismo de encaminhamento clássico de Bellman-Ford. As melhorias introduzidas no algoritmo de Bellman-Ford incluem a ausência de loops nas tabelas de encaminhamento. Cada nó móvel da rede mantém uma tabela de encaminhamento na qual são registados todos os destinos possíveis dentro da rede e o número de saltos para cada destino. Cada entrada é marcada com um número de sequência atribuído pelo nó de destino. Os números de sequência permitem aos nós móveis distinguir as rotas obsoletas das novas, evitando assim a formação de loops de encaminhamento. As actualizações da tabela de encaminhamento são transmitidas periodicamente por toda a rede para manter a consistência da tabela. Para ajudar a aliviar a quantidade potencialmente grande de tráfego de rede que essas actualizações podem gerar, as actualizações de rotas podem empregar dois tipos possíveis de pacotes. O primeiro é conhecido como "full dump". Esse tipo de pacote contém todas as informações de roteamento disponíveis e pode exigir várias unidades de dados de protocolo de rede (NPDUs). Durante períodos de movimento ocasional, estes pacotes são transmitidos com pouca frequência. Os pacotes "incrementais" mais pequenos são utilizados para transmitir apenas as informações que foram alteradas desde a última descarga completa. Cada uma dessas transmissões deve caber num NPDU de tamanho padrão, diminuindo assim a quantidade de tráfego gerado. Os nós móveis mantêm uma tabela adicional onde armazenam os dados enviados nos pacotes incrementais de informação de encaminhamento.

As transmissões de novas rotas contêm o endereço do destino, o número de saltos para chegar ao destino, o número de sequência das informações recebidas relativamente ao destino, bem como um novo número de sequência exclusivo da transmissão. A rota rotulada com o número de sequência mais recente é sempre utilizada. No caso de duas actualizações terem o mesmo número de sequência, é utilizada a rota com a métrica mais pequena, de modo a otimizar (encurtar) o caminho. Os telemóveis também registam o tempo de estabelecimento das rotas, ou seja, o tempo médio ponderado de flutuação das rotas para um destino antes de ser recebida a rota com a melhor métrica. Ao atrasar a difusão de uma atualização de encaminhamento em função do tempo de estabilização, os telemóveis podem reduzir o tráfego da rede e otimizar as rotas, eliminando as difusões que ocorreriam se fosse descoberta uma rota melhor num futuro muito próximo.

2.6.2.3 Encaminhamento de comutador de gateway de cabeça de cluster (CGSR)

O protocolo Clusterhead Gateway Switch Routing (CGSR) difere do protocolo anterior no tipo de endereçamento e no esquema de organização da rede utilizados. Em vez de uma rede "gorda", o CGSR é uma rede móvel sem fios multihop agrupada com vários esquemas de encaminhamento heurísticos.

A existência de um chefe de agrupamento que controla um grupo de nós ad-hoc permite obter uma estrutura para a separação de códigos (entre agrupamentos), o acesso a canais, o encaminhamento e a atribuição de largura de banda. É utilizado um algoritmo de seleção do chefe de agrupamento para eleger um nó como chefe de agrupamento, utilizando um algoritmo distribuído no interior do agrupamento. A desvantagem de ter um esquema de cabeça de agrupamento é que as mudanças frequentes de cabeça de agrupamento podem afetar negativamente o desempenho do protocolo de encaminhamento, uma vez que os nós estão ocupados com a seleção da cabeça de agrupamento e não com a retransmissão de pacotes. Por conseguinte, em vez de invocar a re-seleção do chefe de agrupamento sempre que a composição do agrupamento muda, é introduzido um algoritmo de agrupamento de mudança mínima de agrupamento (LCC). Utilizando o LCC, os cluster heads só mudam quando dois cluster heads entram em contacto, ou quando um nó sai do contacto de todos os outros cluster heads. O CGSR utiliza o DSDV como o esquema de encaminhamento subjacente e, por conseguinte, tem muito da mesma sobrecarga que o DSDV. No entanto, modifica o DSDV, utilizando uma abordagem hierárquica de encaminhamento cluster head-to-gateway para encaminhar o tráfego da origem para o destino. Os nós de gateway são nós que estão dentro do alcance de comunicação de dois ou mais cluster heads. Um pacote enviado por um nó é primeiro encaminhado para o seu chefe de agrupamento e, em seguida, o pacote é encaminhado do chefe de agrupamento para um gateway para outro chefe de agrupamento, e assim por diante, até que o chefe de agrupamento do nó de destino seja alcançado. O pacote é então transmitido para o destino. Utilizando este método, cada nó tem de manter uma "tabela de membros do agrupamento" onde armazena o chefe de agrupamento de destino para cada nó móvel na rede. Estas tabelas de membros de clusters são transmitidas periodicamente por cada nó utilizando o algoritmo DSDV. Os nós actualizam as suas tabelas de membros do agrupamento quando recebem essa tabela de um vizinho. Para além da tabela de membros do agrupamento, cada nó deve também manter uma tabela de encaminhamento, que é utilizada para determinar o próximo salto para chegar ao destino. Ao receber um pacote, um nó consulta a sua tabela de membros do agrupamento e a tabela de encaminhamento para determinar o chefe de agrupamento mais próximo na rota para o destino. Em seguida, o nó verifica a sua tabela de encaminhamento para determinar o nó que permite alcançar o chefe de agrupamento selecionado. Em seguida, transmite o pacote a esse nó.

2.6.2.4 O protocolo de encaminhamento sem fios (WRP)

O protocolo de encaminhamento sem fios (WRP) é um protocolo baseado em tabelas com o objetivo de manter a informação de encaminhamento entre todos os nós da rede. Cada nó da rede é responsável pela manutenção de quatro tabelas: (a) tabela de distâncias, (b) tabela de roteamento, (c) tabela de custo de link e (d) tabela de Lista de Retransmissão de Mensagens (MRL). Cada entrada da LMR contém o número de sequência da mensagem de atualização, um contador de retransmissões, um vetor de sinalização de aviso de receção com uma entrada por vizinho e uma lista de actualizações enviadas na mensagem de atualização. O LMR regista quais as actualizações de uma mensagem de atualização que necessitam de ser retransmitidas e quais os vizinhos que devem confirmar a retransmissão. Os telemóveis informam-se mutuamente das alterações de ligação através da utilização de mensagens de atualização. Uma mensagem de atualização é enviada apenas entre nós vizinhos e contém uma lista de actualizações (o destino, a distância até ao destino e o antecessor do destino), bem como uma lista de respostas indicando quais os telemóveis que devem confirmar (ACK) a atualização. Os telemóveis enviam mensagens de atualização após processarem as actualizações dos vizinhos ou detectarem uma alteração na ligação a um vizinho. Em caso de perda de uma ligação entre dois nós, os nós enviam mensagens de atualização aos seus vizinhos. Os vizinhos actualizam então as suas entradas na tabela de distâncias e verificam se existem novos caminhos possíveis através de outros nós. Quaisquer novos caminhos são retransmitidos aos nós originais para que estes possam atualizar as suas tabelas em conformidade.

Os nós tomam conhecimento da existência dos seus vizinhos através da receção de confirmações e outras mensagens. Se um nó não estiver a enviar mensagens, deve enviar uma mensagem hello dentro de um período de tempo especificado para garantir a conetividade. Caso contrário, a ausência de mensagens do nó indica a falha dessa ligação, o que pode causar um falso alarme. Quando um móvel recebe uma mensagem hello de um novo nó, esse novo nó é adicionado à tabela de roteamento do móvel, e o móvel envia ao novo nó uma cópia das informações de sua tabela de roteamento. Parte da novidade do WRP decorre da forma como ele consegue a liberdade de loop. No WRP, os nós de encaminhamento comunicam a distância e a informação do penúltimo salto para cada destino nas redes sem fios. O WRP pertence à classe dos algoritmos de procura de caminhos, com uma exceção importante. Evita o problema da "contagem até ao infinito", obrigando cada nó a efetuar verificações de coerência das informações sobre o antecessor comunicadas por todos os seus vizinhos. Isto acaba por eliminar (embora não instantaneamente) as situações de "looping" e permite uma convergência mais rápida da rota quando ocorre uma falha na ligação.

2.6.3　O protocolo híbrido

O protocolo híbrido é o protocolo que combina as características dos protocolos reativo e proactivo. Cada nó mantém a informação de encaminhamento sobre a sua zona utilizando a abordagem proactiva. Fora da zona, utiliza a abordagem reactiva. A desvantagem é que a vantagem depende do número de outros nós activados e a reação à procura de tráfego depende do gradiente do volume de tráfego. Um exemplo é o Protocolo de Encaminhamento por Zona (ZRP) (Nidhi & Yogesh, 2015).

2.6.3.1　Protocolo de encaminhamento de zonas (ZRP)

O Zone Routing Protocol (ZRP) foi introduzido pela primeira vez por Haas e Pearlman (Haas *et al*, 1997). Trata-se de um protocolo híbrido. Para efetuar operações, divide a área total da rede em diferentes zonas. O tamanho ou raio da zona não depende da distância, mas sim do número de saltos. É aplicável a uma grande variedade de redes ad-hoc móveis com mobilidade diversificada numa grande extensão. Utiliza uma estratégia separada para encontrar novas rotas para os nós que se encontram dentro ou fora da zona. Existem quatro elementos disponíveis no *ZRP*: *função de nível MAC, IARP, IERP e BRP*. O IARP, protocolo proactivo, é utilizado para descobrir rotas dentro da zona e, neste caso, as ligações são consideradas unidireccionais. Mas para comunicar com os nós que se encontram em zonas diferentes, os nós utilizam o IERP, protocolo de encaminhamento a pedido. O ZRP também segue diferentes estratégias, como a topologia da zona de encaminhamento e a manutenção proactiva, para melhorar a eficiência e a qualidade da descoberta de uma rota globalmente reactiva utilizando o mecanismo de consulta/resposta (Ahmed *et al*, 2007).

O ZRP tem propriedades e aplicações versáteis. O raio da zona é um parâmetro importante do ZRP. Uma zona de encaminhamento grande é mais adequada para nós que se movem lentamente e para cenários de elevada procura de rotas. Numa topologia fixa, a zona da rede seria infinitamente grande. Na Internet fixa, os protocolos de encaminhamento proactivos puros são os mais adequados. Uma zona de encaminhamento mais pequena é adequada para um número mínimo de nós e quando a procura de rota é baixa. O ZRP funciona como um protocolo de inundação normal quando o tamanho da zona é um. Para identificar os nós vizinhos directos, utiliza o protocolo MAC. E para identificar os outros nós dentro da zona, utiliza o protocolo NDP (Neighbor Discovery protocol) (Giannoulis *et al*, 2005).

2.7 Revisão de trabalhos relacionados

Yanping *et al* (2012) realizaram um estudo sobre abordagens melhoradas para o controlo do congestionamento do protocolo de controlo da transmissão (TCP) em redes ad hoc. Os autores analisaram alguns dos principais factores que afectam o desempenho do TCP em redes ad hoc e apresentaram algumas abordagens de controlo de congestionamento, tendo o desempenho da rede sido comparado com estas abordagens. Afirmaram que a BER (taxa de erro de bits) elevada, a mobilidade dos nós, a iniquidade na camada MAC (controlo de acesso ao meio) são factores que afectam o TCP na camada MAC. As abordagens de controlo do congestionamento analisadas são: mecanismo melhorado de feedback interno da rede e mecanismo melhorado de extremo a extremo. As métricas utilizadas incluem: atraso, débito, caminho (entrega fora de ordem devido a vários caminhos) e erro de canal.

A deteção precoce de congestionamentos e o encaminhamento adaptativo em redes ad hoc móveis (MANET) foram desenvolvidos por Senthil & Sankaranarayanan (2011). Os autores propuseram uma deteção precoce de congestionamento e um encaminhamento adaptativo em redes ad hoc móveis. A utilização da deteção precoce de congestionamentos permite ao nó detetar congestionamentos susceptíveis de ocorrer e enviar mensagens de aviso aos nós vizinhos não congestionados. O nó vizinho não congestionado apercebe-se desta situação e encontra imediatamente um caminho alternativo para o destino, aplicando o mecanismo de caminho adaptativo. Assim, esta deteção precoce de congestionamento e o encaminhamento adaptativo melhoram o desempenho, reduzindo o atraso e aumentando a taxa de entrega de pacotes. Este esquema foi comparado com o esquema de encaminhamento EDAODV e EDCSCAODV utilizando o simulador NS2. Lu *et al*., 2003, observaram que o AODV é ineficaz em situações de tráfego intenso na rede. A ineficácia do AODV levou ao desenvolvimento de uma versão modificada do AODV, designada CADV, que favorece os nós com atrasos de espera reduzidos, para além da rota para o destino. O CADV não é adaptável ao congestionamento. Não oferece qualquer solução quando uma rota existente fica congestionada. Esta falha deu origem ao DLAR (Dynamic Load Aware Routing Protocol), que favorece a inclusão de nós com baixa carga de encaminhamento no trajeto de encaminhamento.

Algumas métricas que foram utilizadas para avaliar o desempenho do protocolo de deteção precoce e adaptativo em relação aos protocolos EDAODV e EDCSCAODV incluem: rácio de entrega de pacotes, atraso extremo-a-extremo e sobrecarga de encaminhamento.

Segundo Ghassan *et al.* (2012), que exploraram e avaliaram algumas técnicas tradicionais de controlo de congestionamento do TCP, o Tahoe é a variante do TCP que inclui o primeiro algoritmo de controlo de congestionamento e os subsequentes surgiram a partir deste algoritmo com base no mesmo conceito do Tahoe. O Tahoe tinha duas técnicas principais: evitar o congestionamento e transmissão rápida. Depois do Tahoe veio o Reno. O algoritmo de recuperação rápida foi incluído nesta versão. Em redes heterogéneas, o controlo do congestionamento no TCP revela-se pouco eficaz, incapaz de se ajustar totalmente a recursos limitados e de reconhecer pacotes congestionados/perdidos. O Reno aumentou o controlo do congestionamento. O mecanismo de controlo do congestionamento foi classificado em 4 fases: arranque lento, prevenção do congestionamento, retransmissão rápida e recuperação rápida. No arranque lento, a taxa de transmissão do emissor depende do ACK devolvido pelo recetor. O principal objetivo do arranque lento é ajudar o remetente a utilizar a largura de banda disponível no caminho da rede. O arranque lento aumenta exponencialmente em cada RTT. Na prevenção de congestionamento, quando o valor limite é atingido, a taxa de transmissão é reduzida. O arranque lento e a prevenção do congestionamento coordenam radicalmente o débito após a deteção de danos no segmento. A retransmissão rápida e a recuperação rápida são utilizadas para acelerar a recuperação da ligação. O mecanismo evita o tempo de espera do time-out de retransmissão de cada segmento perdido. Concluíram que o controlo de congestionamento TCP pode funcionar mal em redes de elevada largura de banda devido à sua resposta lenta com grandes janelas de congestionamento. As elevadas taxas de erro de bits efectivas nas redes sem fios são significativamente mais elevadas do que nas redes com fios, uma vez que o TCP não possui qualquer mecanismo para distinguir entre perdas por congestionamento e perdas aleatórias sem fios, pelo que o controlo do congestionamento do TCP é essencialmente necessário para cobrir os novos requisitos das novas aplicações.

A deteção dinâmica de congestionamento e o encaminhamento de controlo em redes ad hoc foram propostos por Senthil, *et al* (2012). Propuseram um método para a deteção dinâmica de congestionamentos e o encaminhamento de controlo (DCDR) em redes ad hoc utilizando o comprimento da fila no nó. O estado de congestionamento num nó é enviado para os nós vizinhos. Se houver tendência para um congestionamento, são enviados avisos aos outros nós e os nós detectam um caminho alternativo sem congestionamentos. Esta técnica assegura uma comunicação fiável no âmbito das MANET. Esta técnica foi testada e provou ser mais eficiente do que os populares protocolos de encaminhamento EDOCR, EDCSCAODV, EDAODV e AODV. O NS2 foi utilizado para avaliar o desempenho dos protocolos utilizando as seguintes métricas (PDR - rácio de entrega de pacotes, atraso extremo-a-extremo, sobrecarga de encaminhamento). O resultado da simulação/avaliação mostra que o DCDR tem um melhor desempenho em termos de redução do atraso, sobrecarga de encaminhamento e melhoria da taxa de entrega de pacotes.

As limitações do DCDR incluem: se o tráfego de entrada for o mais intenso, a perda de pacotes continua a registar-se, mas é reduzida. E o estudo não incluiu perdas sem fios. Os autores recomendam que estas limitações sejam trabalhadas para melhorar a técnica.

O protocolo de malha sem fios híbrido de prevenção de congestionamentos (CA-HWMP) para IEEE 802.11s foi outro protocolo desenvolvido por Kishwer *et al* (2014). Os autores salientaram que a rede em malha sem fios (WMN) é uma das tecnologias em evolução para fornecer conetividade sem interrupções aos utilizadores móveis. É eficiente na partilha de recursos. A WMN também oferece capacidades de auto-configuração, auto-cura e auto-organização. A IEEE802.11s é uma norma que foi proposta como uma melhoria da WMN. O IEEE802.11s utiliza um protocolo conhecido como HWMP. O HWMP oferece uma resposta fraca ao congestionamento, especialmente para aplicações interactivas. Os autores propuseram uma técnica de prevenção de congestionamento denominada CA-HWMP. O CA-HWMP foi comparado com o HWMP usando o simulador NS3.

Os autores observaram que a camada MAC trata do controlo do congestionamento, mas não da sua prevenção, pelo que a investigação foi orientada para a prevenção do congestionamento. Também salientaram que o reencaminhamento reduz a carga num determinado nó.

O feedback gating foi utilizado para controlar o congestionamento em redes urbanas por Mehdi, *et al* (2012). Os autores opinaram que o congestionamento pode ser reduzido quer através do aumento da oferta quer através da redução da procura. As condições do fluxo de tráfego dependem criticamente das estratégias de controlo dos sinais aplicadas. Existem muitas estratégias para o controlo do congestionamento, entre as quais SCOOT, SCATS, OPAC, PROGYN, RHODES. A principal limitação destas estratégias é o facto de serem ineficazes quando se trata de condições de tráfego saturado, frequentemente utilizadas nas áreas metropolitanas modernas. A ferramenta prática frequentemente utilizada contra as ligações saturadas ou o trajeto da rede urbana é o gating (Woog *et al*, 2002, Bretherton *et al* 2003, Luk & Green, 2010). A ideia do gating consiste em reter o tráfego (através de fases vermelhas prolongadas nos semáforos) a montante das ligações a proteger contra a saturação excessiva, podendo o nível de gating depender da medição em tempo real das ligações protegidas. Este método é normalmente utilizado de forma ad hoc. Nesta investigação, os autores exploraram o conceito NFD (Network Fundamental Diagram) para melhorar a mobilidade em condições de tráfego saturado através da aplicação de medidas de gating baseadas numa estrutura de controlo de feedback adequada. O simulador AIMSUN foi utilizado para modelar a rede urbana de Cania, de modo a verificar a eficácia do mecanismo utilizando 3 índices de desempenho que são: atraso médio por km, velocidade média de toda a rede, número de veículos que saem da rede. O mecanismo foi testado numa rede urbana real em Chania, na

Grécia.

Yuechao & Lianglun (2011) propuseram um mecanismo de controlo de congestionamento baseado na atribuição de prioridades em redes de sensores sem fios de média e alta velocidade (MHWSN). Propuseram a conceção de um novo protocolo da camada de transporte que dá prioridade à informação detectada com base na sua natureza, suportando simultaneamente a fiabilidade dos dados e as características de controlo de congestionamento. O projeto, após simulação utilizando o NS2, mostrou que a latência de extremo a extremo e os tempos de retransmissão da prioridade mais elevada são reduzidos. Afirmaram que existem dois tipos de nós sensores na MHWSN: nós escalares e nós multimédia.

Mohammad *et al,* (2013) implementaram um algoritmo de controlo dinâmico de congestionamento para VANET. Propuseram um algoritmo através do qual o limiar de deteção de portadora (CS) ou o valor MaxBeaconLoad (MBL) podem ser atribuídos dinamicamente para afinar a abordagem de controlo de congestionamento Distributed Fair transmits Power Adjustments (D- FPAV). O algoritmo proposto pode ser utilizado em condições de tráfego e de não tráfego. Utilizaram o simulador NS-2 para avaliar o desempenho e os resultados obtidos mostraram que o D-FPAV dinâmico tem melhor rendimento e probabilidade de receção de mensagens do que o D-FPAV fixo.

Mohamed *et al,* (2014) propuseram um Protocolo de Controlo de Congestionamento Consciente da Interferência (IACC) para RSSF. Referiram que o controlo de congestionamento consiste em 2 partes: deteção de congestionamento e interferência e estabelecimento de mecanismos de controlo. O comprimento do buffer, o tempo de chegada do pacote, a carga do canal, o tempo de serviço do pacote, etc. são usados para detetar o congestionamento da rede. O IACC consiste em duas etapas destinadas a estabelecer uma programação adequada tendo em conta as capacidades da rede. A primeira etapa consiste em estimar a capacidade da ligação entre o nó pai e o nó filho. Em segundo lugar, a programação é estabelecida para garantir a equidade, evitando simultaneamente o congestionamento e a colisão na rede. As capacidades estimadas ajudam o IACC a estabelecer uma programação que atribui a cada nó o tempo apropriado para transmitir e a taxa apropriada. O TOSSIM foi utilizado para simular o IACC. O número de nós foi variado até 256. Os nós tiveram uma boa taxa de receção de pacotes que superou a abordagem de base para todas as taxas definidas. Isto deve-se ao facto de o IACC atribuir a taxa adequada a cada nó, evitando interferências.

Abdessadeq *et al,* (2014) propuseram um encaminhamento inteligente para aplicações em tempo real em redes ad hoc móveis. Os pesquisadores se concentraram em soluções de roteamento para garantir a QoS em MANETS na camada de rede, especialmente para aplicações em tempo real. Eles analisaram o desempenho de diferentes protocolos de roteamento usando o simulador OPNET. Os protocolos analisados foram o AODV, o DSR, o OLSR e o TORA, utilizando o débito, o rácio de entrega de pacotes, o atraso extremo-a-extremo e a sobrecarga de encaminhamento como métricas de avaliação do desempenho. Concluíram que o desempenho do protocolo de encaminhamento depende muito de vários factores, como a carga da rede e os efeitos da mobilidade. Concluíram que o AODV tem a vantagem de atualizar rapidamente o itinerário em relação ao OLSR. De acordo com os resultados obtidos, os protocolos proactivos têm bons resultados no caso de redes de grande dimensão, enquanto os protocolos reactivos têm melhor desempenho em redes de baixa capacidade.

Soumendra *et al,* (2007) desenvolveram uma abordagem para mudar de um protocolo de encaminhamento para outro de forma dinâmica, enquanto o encaminhamento continua. Com a inserção de uma nova camada fina, eles conseguiram fazer com que cada nó da rede ad hoc sem fio notificasse um ao outro sobre a troca de protocolo. Para garantir que o roteamento funcione eficientemente após a troca de protocolo, inicializamos as estruturas de dados do protocolo de roteamento de destino e reutilizamos as informações de roteamento anteriores para construir a nova tabela de roteamento. Eles descobriram que a latência da troca estava relacionada com a natureza do protocolo de destino. Verificaram também que o rácio de pacotes de controlo após a troca era próximo do do protocolo que funcionava sem troca. Os protocolos utilizados foram o AODV, o ODMRP e o APRL. O banco de testes utilizado foi o SWAN. . O método trocou lentamente para as redes menos conectadas e para os protocolos sem inundação. O método foi testado numa rede estática e não em redes móveis. O método pode ser ineficaz para nós móveis.

Ao contrário de algumas investigações efectuadas, esta investigação centrou-se tanto na rede de baixo tráfego (baixa mobilidade) como na rede de alto tráfego (alta mobilidade). As métricas utilizadas foram as relevantes para o congestionamento, que incluem o atraso extremo-a-extremo (latência), o débito e o rácio de perda de pacotes.

CAPÍTULO 3
METODOLOGIA

3.0 Descrição geral

Este trabalho de investigação adoptou uma abordagem de simulação, que é o principal método de investigação utilizado pelos investigadores que trabalham com protocolos de encaminhamento para avaliar e analisar o desempenho de vários protocolos de encaminhamento. A simulação é utilizada principalmente para efetuar investigação em ambientes de rede porque é eficiente em termos de tempo e menos dispendiosa, entre outras vantagens. As métricas de desempenho utilizadas na experiência foram a taxa de transferência, o rácio de perda de pacotes e o atraso de pacotes de extremo a extremo, de modo a mostrar os pontos fortes e fracos de cada protocolo de encaminhamento. Para a simulação, foi utilizado o Network Simulator 2 (NS-2).

3.1 Protocolos de encaminhamento a considerar

Os seguintes protocolos de encaminhamento foram simulados, avaliados e analisados:

1. Ad hoc On-Demand Distant Vetor Routing (AODV),
2. Dynamic Source Routing (DSR),
3. Algoritmo de encaminhamento temporário ordenado (TORA),
4. Protocolo de encaminhamento optimizado do estado da ligação (OLSR),
5. Encaminhamento por vectores distantes sequenciados no destino (DSDV) e
6. Protocolo de encaminhamento de zonas (ZRP).

Da lista acima, os números 1, 2 e 3 são protocolos considerados no âmbito dos protocolos reactivos, enquanto os números 4 e 5 foram considerados no âmbito do protocolo de encaminhamento proactivo, enquanto o número 6 é um protocolo híbrido que foi utilizado para avaliar o desempenho do novo protocolo híbrido desenvolvido.

6.1.1 Encaminhamento por vetor de distância ad-hoc a pedido (AODV)

O AODV é um protocolo de encaminhamento a pedido. Quando um nó pretende comunicar com outro e não conhece uma rota, transmite um RREQ de pedido de rota a todos os vizinhos. O RREQ é encaminhado até chegar ao destino ou até encontrar um nó com uma rota suficientemente recente para o destino. O AODV utiliza números de sequência de destino para se certificar de que todas as rotas estão isentas de ciclos e contêm as informações de encaminhamento mais recentes. Cada nó mantém o registo do seu próprio número de sequência e de um ID de difusão que é incrementado sempre que é enviado um RREQ. O RREQ contém informações sobre o endereço IP de origem, o número de sequência de origem, o ID de difusão e o número de sequência mais recente conhecido para o endereço de destino. Quando um nó intermédio recebe um

Quando um nó intermédio recebe um RREQ, pode responder com uma resposta de rota RREP se tiver uma rota para o destino com um número de sequência maior ou igual ao número de sequência do RREQ. Uma vez que o RREQ se propaga através dos nós que o transmitem aos seus vizinhos, um nó intermédio receberá o mesmo RREQ de muitos vizinhos. Apenas a primeira cópia do RREQ é tratada, todas as outras são descartadas.

Se uma ligação entre dois nós intermédios for quebrada, é enviada uma mensagem deste evento para o nó de origem, que pode então decidir se quer enviar um RREQ para restabelecer a rota para o destino ou não. A mensagem de erro é conhecida como RERR (route error).

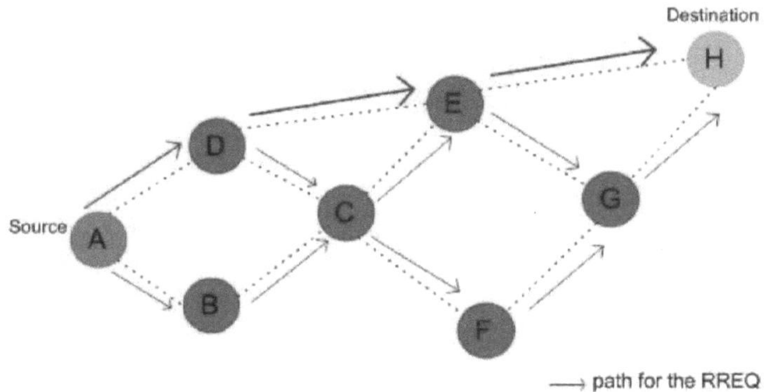

Figura 3. 1 Ilustração simples da descoberta de caminhos no Ad hoc on demand Distant Vetor (AODV): envio da mensagem RREQ de pedido de rota.

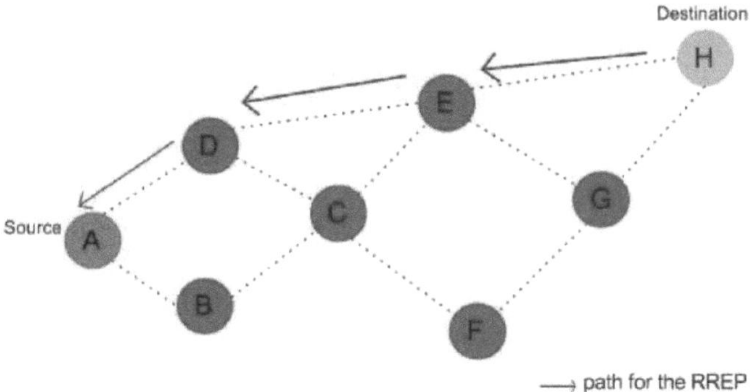

Figura 3. 2 Ilustração simples da descoberta de caminhos no vetor distante Ad hoc a pedido (AODV): envio da mensagem RREP de resposta ao itinerário

6.1.2 Encaminhamento dinâmico de fontes (DSR)

No DSR, todos os nós mantêm uma cache de itinerário que contém informações de itinerário de outros nós.

As entradas na cache de encaminhamento contêm toda a informação de encaminhamento de uma rota, e não apenas o nó de salto seguinte. Se um nó não estiver na cache de encaminhamento com o qual um nó de origem quer comunicar, o nó de origem transmite um pedido de encaminhamento, tal como no AODV. Este pedido de rota contém a informação da origem e do destino, mas também dos nós no caminho, designado por registo de rota. Quando um nó intermédio recebe um pedido de rota, verifica se este consta do registo de rotas. Se estiver, a mensagem é rejeitada; caso contrário, acrescenta-se ao registo de rota e envia o pedido de rota aos seus vizinhos. Quando um pedido de rota chega a um nó que tem uma rota para o destino na sua cache de encaminhamento, o nó adiciona-se a si próprio e à informação da cache de encaminhamento ao registo de rota e envia uma resposta de rota, contendo o registo de rota, para a fonte. Se o pedido de rota chegar ao nó de destino, este também se adiciona ao registo de rota e envia uma resposta de rota.

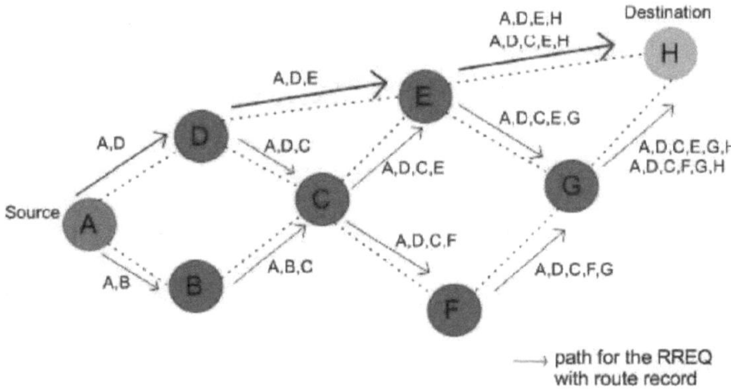

Figura 3. 3 Ilustração simples da descoberta de caminhos no Dynamic Source Routing (DSR): envio da mensagem RREQ de pedido de rota e construção do registo de rotas.

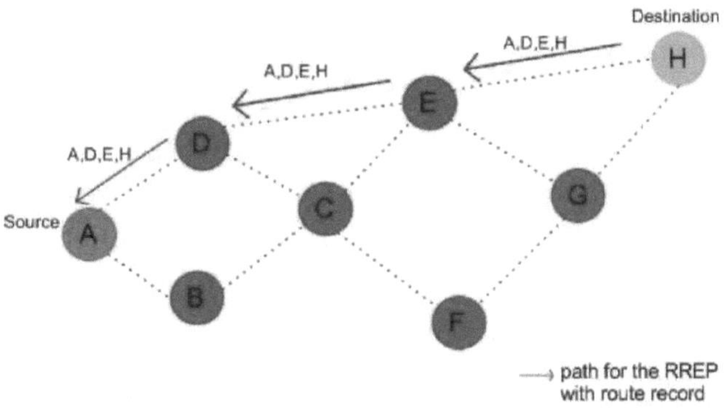

Figura 3. 4 Ilustração simples da descoberta de caminhos no Dynamic Source Routing (DSR): envio da

mensagem RREP de resposta ao itinerário com o registo do itinerário.

1.1.3   Algoritmo de encaminhamento temporalmente ordenado (TORA)

O TORA é um protocolo de encaminhamento adaptativo a pedido adequado a todas as redes ad-hoc móveis. É um protocolo de encaminhamento iniciado na fonte especialmente proposto para redes sem fios móveis e multi-hop altamente dinâmicas (Gagangeet *et al*, 2013). O que é único no TORA é o facto de se concentrar na resolução do problema de encaminhamento na área local onde a topologia mudou. Para o efeito, permite que todos os nós possuam informações de encaminhamento dos nós vizinhos. Existe o risco de ocorrerem oscilações, muito semelhantes ao problema da contagem até ao infinito no DSDV. O TORA estabelece as rotas rapidamente e minimiza a sobrecarga de comunicação, localizando a reação do algoritmo às alterações topológicas sempre que possível. Em vez de utilizar o conceito de caminho mais curto para calcular as rotas, o que consome uma enorme quantidade de largura de banda, o algoritmo TORA mantém a "direção do próximo destino" para reencaminhar os pacotes. Assim, o nó de origem mantém um ou dois "caminhos a jusante" para o nó de destino através de vários nós vizinhos intermédios.

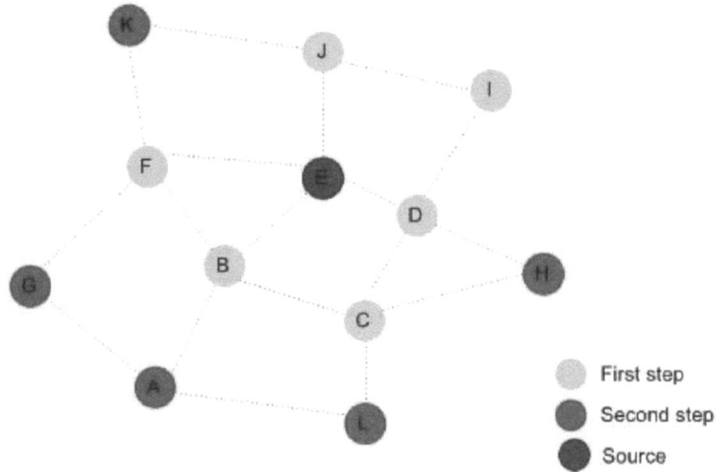

Figura 3. 5 Ilustração simples da descoberta de caminhos no TORA.

1.1.4   Encaminhamento optimizado do estado da ligação (OLSR)

O OLSR é um protocolo proactivo baseado no encaminhamento no estado da ligação, no qual os nós iniciais têm tabelas de encaminhamento que actualizam periodicamente. As rotas estão imediatamente disponíveis sempre que necessário devido às tabelas de rotas. Utiliza o conceito de retransmissores multiponto (MPR) para reduzir as possíveis sobrecargas na rede. No OLSR, apenas os nós escolhidos como MPRs transmitem pacotes a todos os outros nós, reduzindo assim significativamente o tráfego. Cada nó selecciona um MPR que está a um salto de distância dele. Cada nó MPR mantém a informação sobre a topologia da rede e envia essa informação a outros MPRs (Vasudha & Sanjeev, 2014).

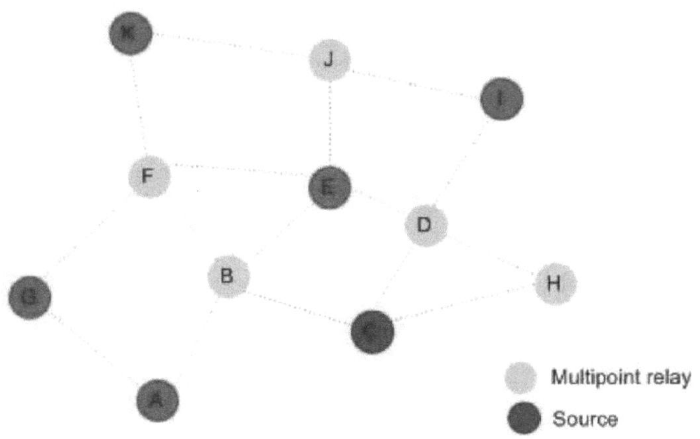

Figura 3. 6 Ilustração simples do OLSR.

1.1.5 Vetor de distância sequenciado no destino (DSDV)

O encaminhamento DSDV é um protocolo de encaminhamento proactivo que utiliza uma variante distribuída do algoritmo de Bellman-Ford. Cada nó na rede DSDV tem uma tabela que contém informações sobre todos os outros nós alcançáveis na rede. Para cada nó, as informações armazenadas são: o nó de salto seguinte, a distância de salto e um número de sequência. No algoritmo de Bellman-Ford, cada nó envia a sua tabela aos seus vizinhos em intervalos de tempo. Quando um nó recebe uma tabela de um nó vizinho, actualiza a sua própria tabela. Em cada novo intervalo de tempo em que um nó vai transmitir a sua tabela, o número de sequência é incrementado. Desta forma, o nó que recebe uma tabela sabe se a informação está actualizada. As novas informações substituem as antigas, e as melhores informações (uma rota mais rápida) substituem as piores, se as informações da tabela tiverem o mesmo número de sequência. Para manter baixo o tráfego de rede devido à atualização das informações, não é enviada sempre a tabela de encaminhamento completa, mas sim pacotes incrementais mais pequenos que contêm apenas as informações alteradas desde a última descarga completa.

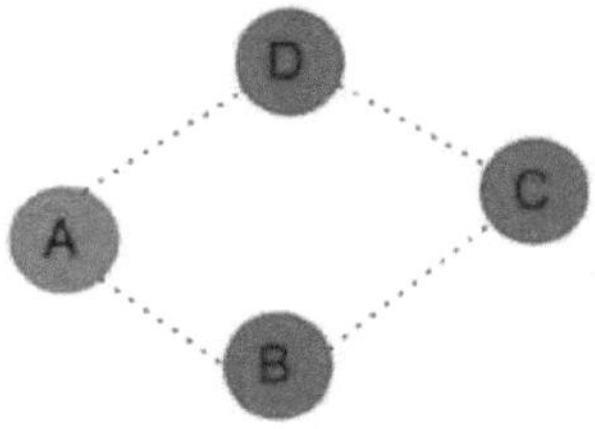

Figura 3. 7 Ilustração simples do protocolo DSDV (Destination Sequenced Distant Vetor)

Tabela 3. 1 Quadro com informações sobre os nós da rede no DSDV

Destination	Next hop node	Distance	Sequence number
B	B	1	S332_B
C	B	2	S234_C

1.1.6 Protocolo de encaminhamento de zonas (ZRP)

O ZRP é um protocolo híbrido típico que combina os esquemas de encaminhamento reativo e proactivo. A rede é dividida em zonas locais de "vizinhança". O protocolo de encaminhamento proactivo (designado por protocolo de encaminhamento intra-zona IARP) é utilizado dentro da zona, enquanto o protocolo de encaminhamento reativo (designado por protocolo de encaminhamento inter-zona IERP) é utilizado fora da zona. Um nó pode estar em mais de uma zona. As zonas podem diferir em tamanho e o tamanho da zona é o raio da zona, que é conhecido como o número de saltos necessários dentro da zona. Os nós periféricos são os nós que se encontram na parte mais afastada da zona. Cada nó mantém a informação sobre as rotas para os nós da sua zona.

Ao estabelecer uma rota, a fonte verifica se o destino está dentro da zona e envia um RREQ. Se o destino estiver dentro da zona, um RREP será enviado de volta à fonte e o nó de origem escolherá o melhor caminho. Mas se houver uma quebra de ligação, o nó intermédio que detecta a quebra de ligação no caminho escolhe outro caminho alternativo para contornar a quebra de ligação e actualiza o remetente enviando uma mensagem da quebra de ligação.

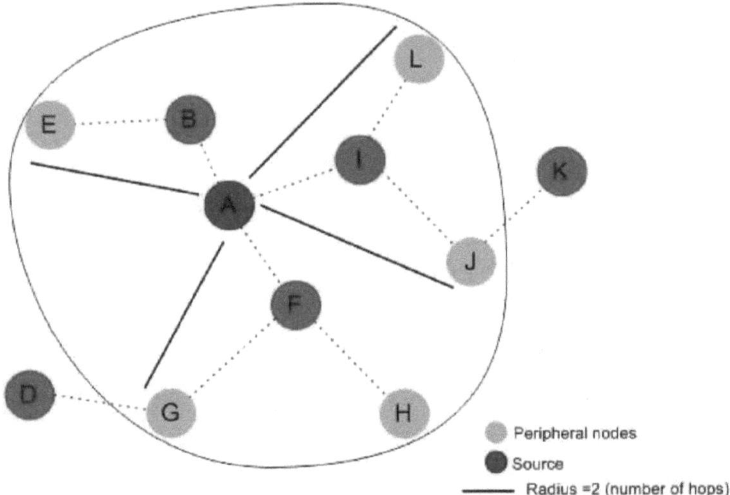

Figura 3. 8 Ilustração simples do Zone Routing Protocol (ZRP)

3.2   Parâmetros de desempenho

Há três parâmetros principais de desempenho que foram considerados nesta investigação. São eles a taxa de transferência, a taxa de entrega de pacotes e o atraso de pacote de ponta a ponta.

3.2.1   Capacidade de produção

Este é o número de pacotes entregues com êxito ao destino. É definido como o número total de pacotes recebidos pelo destino. É, de facto, a medida dos protocolos de encaminhamento e mede-se em bytes/segundo. Quanto mais elevado for o débito, melhor será o desempenho do protocolo.

3.2.2   Rácio de entrega de pacotes

Este é o número de pacotes entregues ao destino. É medido dividindo o número total de pacotes recebidos no destino pelo número total de pacotes enviados pela fonte. Quanto maior for o valor do rácio de entrega de pacotes, melhor será o desempenho do protocolo.

3.2.3   Atraso do pacote de ponta a ponta

É o tempo que o pacote demora a chegar ao destino depois de sair da fonte. Inclui também o atraso causado pelo processo de descoberta da rota e pela fila de espera na transmissão do pacote. É medido em segundos. Quanto mais baixo for o valor do atraso extremo-a-extremo, melhor será o desempenho do protocolo.

3.3   Simulação

Na investigação sobre redes, o estabelecimento de uma rede num cenário em tempo real é dispendioso e difícil. A simulação de um cenário de ambiente de rede num simulador é menos dispendiosa e facilmente implementável. O simulador ajuda o programador de redes a simular um ambiente de rede que serve de banco de ensaio que informará o programador de que o projeto é implementável no mundo real, poupando assim tempo e custos.

Existem vários simuladores de rede com características diversas, entre os quais OPNET, NS-2, NS3, NetSim, OMNeT++, REAL, J-Sim e QualNet (Saba Siraj et al 2012).

3.3.1   Opnet

Este simulador é desenvolvido pela OPNET technologies; Inc. O OPNET foi originalmente desenvolvido no Instituto de Tecnologia de Massachusetts (MIT) e desde então
1987 tornou-se um software comercial. Fornece um ambiente de desenvolvimento abrangente que suporta a modelação de redes de comunicação e sistemas distribuídos. Tanto o comportamento como o desempenho dos sistemas modelados podem ser analisados através da realização de simulações de eventos discretos.

3.3.2   Ns3

O simulador *ns-3* é um simulador de rede de eventos discretos para sistemas de Internet, destinado principalmente à investigação e ao ensino. O projeto ns-3, iniciado em 2006, é um projeto de código aberto que desenvolve *o ns-3*. O ns-3 é software livre, licenciado sob a licença GNU GPLv2. Dependerá das contribuições contínuas da comunidade para desenvolver novos modelos, depurar ou manter os existentes e partilhar resultados. É um software de código aberto.

3.3.3   Netsim

O NetSim é um simulador de eventos discretos desenvolvido pela Tetcos em 1997, em associação com o Indian Institute of Science. O NetSim também foi incluído na edição V de Computer Networks and Internets do Dr. Douglas Comer, publicada pela Prentice Hall. Trata-se de um ambiente de modelação e simulação de sistemas orientado para objectos (M&S) para apoiar a simulação e a análise de cenários de comunicação de voz e dados para sistemas de comunicação global de alta frequência (HFGCS).

3.3.4   Omnet++

Trata-se de uma estrutura de simulador de eventos discretos baseada em componentes, modular e de arquitetura aberta. A utilização mais comum do OMNeT++ é a simulação de redes de computadores, mas também é utilizado para simulações de redes de filas de espera e noutras áreas. O OMNeT++ está licenciado sob a sua própria licença
Licença Pública Académica, que permite uma liberdade semelhante à da Licença Pública GNU, mas apenas em contextos não comerciais. Fornece uma arquitetura de componentes para modelos.

3.3.5 Real

Encontra-se no Computer Science Department Technical Report 88/472, UC Berkeley, 1988. O REAL é um simulador para estudar o comportamento dinâmico de esquemas de controlo de fluxo e congestionamento em redes de dados de comutação de pacotes. Fornece aos utilizadores uma forma de especificar essas redes e de observar o seu comportamento.

3.3.6 Jsim

O JSim foi desenvolvido por uma equipa do Laboratório de Computação Distribuída em Tempo Real (DRCL). O projeto foi patrocinado pela National Science Foundation (NSF), pelo Gabinete de Tecnologias da Informação da DARPA, pela Iniciativa de Investigação Universitária Multidisciplinar do Gabinete de Investigação Científica da Força Aérea, pela Universidade Estatal de Ohio e pela Universidade de Illinois em Urbana-Champaign. O J-Sim é gratuito e está disponível com o código fonte.

3.3.7 QualNet

É um simulador de rede comercial da Scalable Network Technologies, Inc em 2000-2001. É um software de simulação de rede de ultra alta fidelidade que prevê o desempenho de redes sem fios, com fios e de plataformas mistas e de dispositivos de rede. Um simulador para redes grandes e heterogéneas e para as aplicações distribuídas que são executadas nessas redes. É um simulador comercial.

3.3.8 Ns-2

O simulador de rede 2 foi desenvolvido no âmbito do projeto VINT (Virtual Inter Network Testbed); em 1995, é um esforço conjunto de pessoas da Universidade da Califórnia em Berkeley, do Instituto de Ciências da Informação da Universidade do Sul da Califórnia, do Laboratório Nacional Lawrence Berkeley e do Centro de Investigação Xerox Palo Alto. Os principais patrocinadores são a Defense Advanced Research Projects Agency e a National Science Foundation. É um simulador de eventos discretos que fornece um suporte substancial para a simulação de protocolos TCP, de encaminhamento e multicast em redes com e sem fios. É um software de código aberto.

Neste trabalho de investigação, foi utilizado o simulador NS-2 para simular o ambiente de rede.
O NS-2 foi escolhido para a simulação porque é um simulador de código aberto, pode ser utilizado para simulações paralelas e é o simulador mais utilizado pelos investigadores para simular o ambiente das redes ad hoc.

3.3.8.1 Descrição do NS-2

O NS-2 fornece aos utilizadores um comando executável *ns* que recebe como argumento de entrada o nome de um ficheiro de script de simulação Tcl (e.g. ns adovproj.tcl). Os utilizadores alimentam o nome de um script de simulação Tcl (que configura uma simulação) como argumento de entrada de um comando executável *ns do* NS2. Na maioria dos casos, é criado um ficheiro de rastreio da simulação, que é utilizado para traçar gráficos e/ou criar animações. O NS2 é composto por duas linguagens principais: C++ e a linguagem de comando de ferramentas orientada a objectos (OTcl). Enquanto o C++ define o mecanismo interno (ou seja, um backend) dos objectos de simulação, a OTcl define a simulação montando e configurando os objectos, bem como o protocolo de encaminhamento a utilizar. O C++ e o OTcl são ligados entre si utilizando o TclCL. Mapeadas para um objeto C++, as variáveis nos domínios OTcl são por vezes designadas por handles. Conceptualmente, um identificador (por exemplo, n como identificador de um nó) é apenas uma cadeia de caracteres (por exemplo, _o10) no domínio OTcl e não contém qualquer funcionalidade. Em vez disso, a funcionalidade (por exemplo, receber um pacote) é definida no objeto C++ mapeado (por exemplo, da classe Connector). No domínio OTcl, um identificador funciona como um frontend que interage com os utilizadores e outros objectos OTcl. Pode definir os seus próprios procedimentos e variáveis para facilitar a interação. Note que os procedimentos e variáveis membros no domínio OTcl são chamados de procedimentos de instância (instprocs) e variáveis de instância (instvars), respetivamente. O NS2 fornece um grande número de objectos C++ incorporados. Esses objetos C++ podem ser usados para configurar uma simulação usando um script de simulação Tcl. No entanto, os utilizadores avançados podem considerar estes objectos insuficientes. Eles precisam desenvolver seus próprios objetos C++, e usar uma interface de configuração OTcl para juntar esses objetos. Após a simulação, o NS2 produz resultados de simulação baseados em texto ou em animação. Para interpretar estes resultados de forma gráfica e interactiva, são utilizadas ferramentas como o NAM (Network AniMator) e o XGraph. Para analisar um determinado comportamento da rede, os utilizadores podem extrair um subconjunto relevante de dados baseados em texto e transformá-lo numa apresentação mais concebível." (Issariyakul e Hossain, 2009) Para a simulação, os códigos (OTCL) serão escritos para realizar os seguintes processos:

i. Descrição da rede pretendida que contém informações sobre a criação de nós, ligações, orientação das ligações (encaminhamento) e protocolo de encaminhamento a utilizar.

ii. Geração de ficheiros de rastreio que serão utilizados para análise

iii. Descrição das propriedades dos nós e da geração de movimentos dos nós,

iv. Identificação de fontes e destinos com geração de tráfego, v. Descrição de padrões de geração de pacotes.

vi. Recolha de estatísticas de rede que emanam da simulação.

3.4 Benefícios pós-investigação

A realização deste projeto trouxe os seguintes benefícios:
Ajudou em:

- Esclarecer os administradores de rede sobre o protocolo de encaminhamento adequado a implementar numa determinada rede ad hoc.
- Proporcionar uma solução para um dos desafios que se colocam à implementação de redes ad hoc.

- Melhorar a qualidade do serviço prestado aos utilizadores da rede ad hoc, uma vez que os atrasos mais longos serão reduzidos.
- Redução da taxa de perda de pacotes devido à mobilidade dos nós nas redes ad hoc.

CAPÍTULO 4

ANÁLISE DOS DADOS, RESULTADOS E DISCUSSÃO DAS CONCLUSÕES

4.0 Descrição geral

A simulação foi efectuada num computador portátil HP 630 com uma velocidade de processador de 2,13GHz. O NS 2.35 foi utilizado para a simulação nesta investigação. Pode ser instalado sobre um Windows com a ajuda de um software chamado Cygwin ou pode ser instalado diretamente num sistema operativo Linux. O Ubuntu 15.10, que é um tipo de sistema operativo Linux, foi utilizado como sistema operativo no qual foram efectuadas as simulações.

Foram escritos scripts TCL para simular vários cenários de rede utilizando o editor de texto incorporado no sistema operativo Ubuntu. Estes scripts foram executados para obter ficheiros trace (tr) com a extensão ".tr" e ficheiros network animator (nam) com a extensão ".nam". Os ficheiros de rastreio contêm os detalhes de toda a simulação. Detalhes como diferentes intervalos de tempo, comunicação entre os diferentes nós, tamanho do pacote, detalhes do endereço de origem e de destino e vários outros detalhes do ambiente.

Para calcular diferentes parâmetros de rede (ou seja, o atraso, a taxa de transferência e a taxa de entrega de pacotes), os dados são obtidos a partir destes ficheiros de rastreio através da escrita de scripts awk. Foram escritos vários scripts awk para obter os dados destes ficheiros de rastreio e para calcular os parâmetros de rede pretendidos. Os ficheiros do animador de rede (nam) são produzidos quando o script tcl é executado. Estes ficheiros contêm pormenores sobre a animação dos nós. O simulador de rede contém um animador de saída ou uma Interface Gráfica do Utilizador (GUI) onde os detalhes dos cenários dos nós e as informações de movimento são obtidos a partir do script tcl e apresentados ao utilizador. Quando o ficheiro nam é executado, o animador de rede aparece e apresenta com precisão os cenários criados pelo utilizador. Quando o botão de reprodução é ativado, o animador de rede mostra o fluxo de dados entre os nós.

Os patches TORA e UM-OLSR foram aplicados ao NS 2.35. Estes patches foram aplicados para a implementação dos protocolos TORA e OLSR, respetivamente. O NS não possui o protocolo TORA e o protocolo OLSR embutidos para realizar simulações e, por isso, foi necessário aplicar os patches. Após a aplicação dos patches, o código do NS 2.35 foi configurado, construído e testado para efetuar simulações com sucesso.

4.1 Configuração da simulação

A experiência de simulação foi configurada de forma a que três (3) parâmetros, nomeadamente o atraso extremo-a-extremo, a taxa de transferência e a taxa de entrega de pacotes, fossem utilizados para avaliar o desempenho de sete (7) protocolos de encaminhamento, nomeadamente o AODV, o DSDV, o DSR, o OLSR, o TORA, o ZRP e o novo protocolo híbrido que foi desenvolvido. Estes protocolos foram utilizados em dois (2) ambientes de rede diferentes que são; uma rede com baixa mobilidade e baixo tráfego contendo vinte (20) nós e uma com alta mobilidade e alto tráfego contendo oitenta (80) nós.

A rede com baixa mobilidade continha vinte (20) nós formando uma rede ad hoc, movendo-se num espaço plano de 400 metros por 400 metros durante 150 segundos de tempo de simulação. Neste ambiente foram utilizados dez (10) origens e dez (10) destinos de forma a simular um tráfego reduzido e o tipo de tráfego utilizado foi o tráfego Constant Bit Rate (CBR).

A rede com alta mobilidade continha oitenta (80) nós formando uma rede ad hoc, movendo-se num espaço plano de 800 metros por 800 metros durante 150 segundos de tempo de simulação. Neste ambiente foram utilizados cinquenta (50) origens e cinquenta (50) destinos, de forma a simular um tráfego elevado, tendo sido também utilizado o tipo de tráfego Constant Bit Rate (CBR).

Para os movimentos aleatórios contínuos dos nós, o padrão de movimento era aleatório e não havia tempo de pausa. O tráfego gerado para ambos os cenários de rede tinha um tamanho de pacote de 2Mbytes e uma velocidade de transmissão de 2Kbytes por segundo (ou seja, intervalo de transmissão de 0,0005).

4.1.1 Descrição do Script Tcl

Foram seguidos os seguintes passos para escrever o script TCL para a simulação.

1. Criar os objectos do simulador e, em seguida, descrever os parâmetros do meio físico,
2. Geração de ficheiros de rastreio,
3. Definição das propriedades dos nós e geração de movimentos,
4. Identificação de fontes e destinos com geração de tráfego,
5. Descrição da geração de pacotes, ou seja, tempo para começar e parar de gerar pacotes.
6. Finalização e execução da simulação.

4.1.1.1 Parâmetros utilizados na simulação

Segue-se a lista de parâmetros que foram utilizados na configuração do ambiente de rede.

Tabela 4. 1 Configuração da rede para a simulação

Channel Type (chan)	Wireless channel type
Radio Propagation model (prop)	Two-Ray ground
Network interface type (netif)	Phy/WirelessPhy
Medium Access Control (MAC) type (mac)	Mac/802_11
Interface queue type (ifq)	Queue/DropTail/PriQueue but CMUPriQueue for DSR
Link Layer type (ll)	LL
Antenna model (ant)	OmniAntenna
Interface queue length (ifqlen)	10
Number of nodes (nn)	20, 80
Routing Protocol (rp)	AODV,DSR,DSDV,TORA,OLSR,ZRP
Topography (x,y)	(400 X 400)m, (800 X 800)m
Duration for simulation (Stop)	150s

O canal sem fios foi utilizado porque a rede simulada é uma rede sem fios.

A propagação de rádio é usada para receber a potência do sinal de cada pacote. O modelo de propagação terrestre de dois raios foi utilizado porque o NS-2.35 utilizado apenas suportava esse modelo de propagação para redes ad-hoc.

A interface de rede serve de interface de hardware que permite que os nós móveis acedam aos canais.

O MAC/802.11 é o controlo de acesso às redes sem fios.

O tipo de fila de interface dá prioridade aos pacotes do protocolo de encaminhamento, inserindo-os à frente da fila.

Os nós móveis são configurados por defeito com uma antena omnidirecional com ganho unitário.

O comprimento da fila de espera da interface indica quantos pacotes são permitidos na fila de espera da interface.

A simulação foi concebida para durar 150 segundos.

4.1.1.2 Vista do ambiente simulado

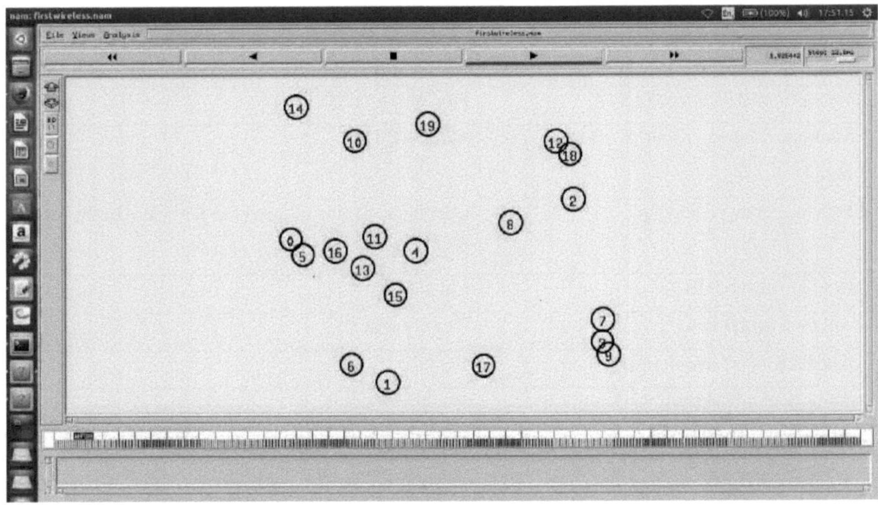

Figura 4. 1 Vista do ambiente de rede com 20 nós num espaço de 400m X 400m

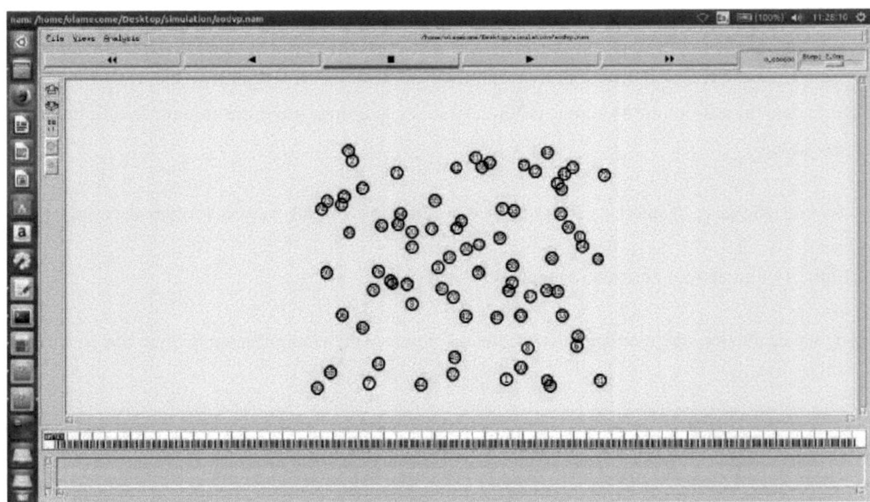

Figura 4. 2 Vista do ambiente de rede com 80 nós num espaço de 800m X 800m

4.2 Resultados e análise

Os ficheiros de rastreio gerados para cada simulação foram analisados e a informação foi extraída utilizando scripts awk. Os scripts awk utilizados para analisar os ficheiros de rastreio estão anexados aos apêndices.

4.2.1   Descrição do Script Awk

Foram escritos três scripts awk diferentes para calcular o atraso médio, a taxa de transferência e a taxa de entrega de pacotes. Os scripts devem ler os ficheiros de rastreio gerados após a execução dos scripts tcl e analisá-los. O comando utilizado para o efeito é o "gawk -f 'awk nome do ficheiro.awk' 'trace nome do ficheiro.tr' ".

Cada linha de rastreio no ficheiro de rastreio começa com um descritor de evento (+, - , d ou r) seguido do tempo de simulação (em segundos) do evento, e do nó de origem e destino, que identificam a ligação em que o evento ocorreu, a informação seguinte é o tipo de pacote e o tamanho do pacote, seguidos das bandeiras, id da bandeira, endereço de origem, endereço de destino, número de sequência e id do pacote.

Quadro 4. 2 Exemplo de título para o ficheiro de rastreio

event	Time	From node	To node	Packet type	Packet size	flags	fid	Source address	Destination address	Sequence number	Packet id

Os exemplos de ficheiros de rastreio são anexados aos apêndices.

O script foi utilizado para determinar a taxa de transferência, a taxa de entrega de pacotes e o atraso de ponta a ponta.

O resultado médio da análise após três simulações é apresentado nos quadros seguintes.

Tabela 4. 3 Resultados para o AODV

Number of nodes	Average Packets Sent (bytes)	Average Packets Received (bytes)	Average Packet Delivery Ratio	Average End-to-end delay (seconds)	Average Throughput (bytes/sec)
20	21169	19489	0.921	314.93	129.924
80	22627	20555	0.906	242.27	137.031

Tabela 4. 4 Resultados para DSR

Number of nodes	Average Packets Sent (bytes)	Average Packets Received (bytes)	Average Packet Delivery Ratio	Average End-to-end delay (seconds)	Average Throughput (bytes/sec)
20	21026	19706	0.938	1176.863	131.371
80	5058	4594	0.901	1593.857	30.627

Tabela 4. 5 Resultados para TORA

Number of nodes	Average Packets Sent (bytes)	Average Packets Received (bytes)	Average Packet Delivery Ratio	Average End-to-end delay (seconds)	Average Throughput (bytes/sec)
20	22807	20556	0.901	308.247	137.040
80	25862	23664	0.914	310.613	157.764

Tabela 4. 6 Resultados para DSDV

Number of nodes	Average Packets Sent (bytes)	Average Packets Received (bytes)	Average Packet Delivery Ratio	Average End-to-end delay (seconds)	Average Throughput (bytes/sec)
20	22341	20356	0.911	140.153	135.707
80	26343	23465	0.888	316.403	156.433

Tabela 4. 7 Resultados para OLSR

Number of nodes	Average Packets Sent (bytes)	Average Packets Received (bytes)	Average Packet Delivery Ratio	Average End-to-end delay (seconds)	Average Throughput (bytes/sec)
20	20923	19262	0.921	245.707	128.411
80	40073	37365	0.932	317.010	249.102

O desempenho dos protocolos foi medido através da taxa de transferência, do atraso extremo-a-extremo e do rácio de entrega de pacotes. Uma taxa de transferência e um rácio de entrega de pacotes mais elevados com um atraso de ponta a ponta mais baixo comprovam o melhor desempenho de um determinado protocolo.

A ilustração dos dados dos quadros acima é indicada nos gráficos abaixo:

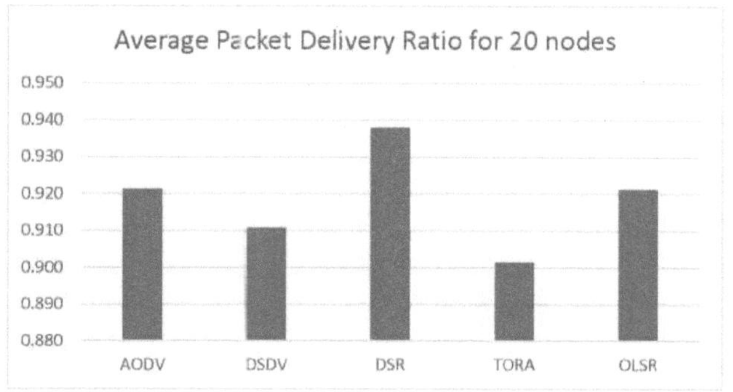

Figura 4. 3 Gráfico que mostra o rácio de entrega de pacotes entre protocolos na rede com 20 nós

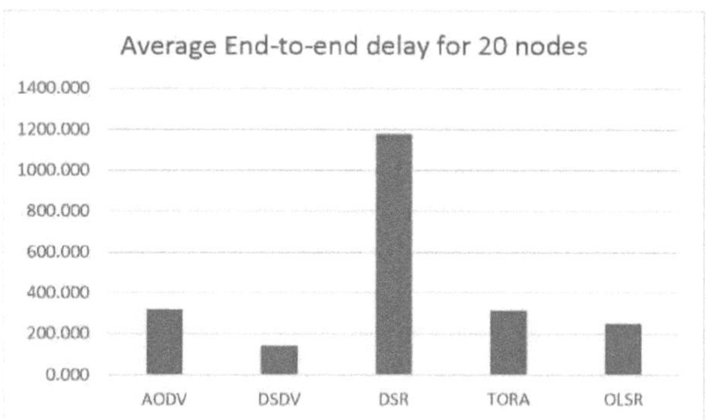

Figura 4. 4 Gráfico que mostra o atraso extremo-a-extremo entre protocolos na rede com 20 nós

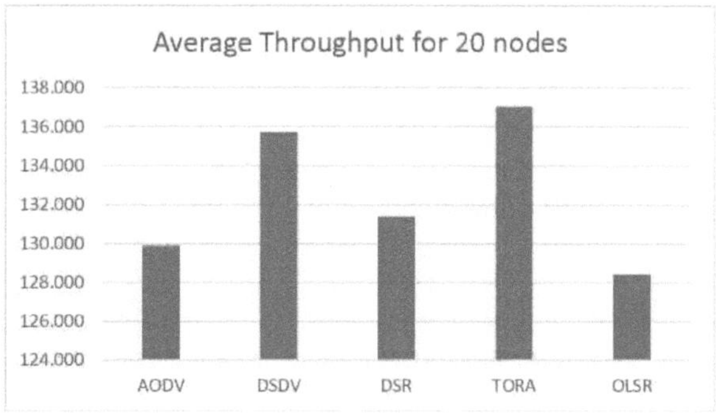

Figura 4. 5 Gráfico que mostra o rendimento entre protocolos na rede com 20 nós

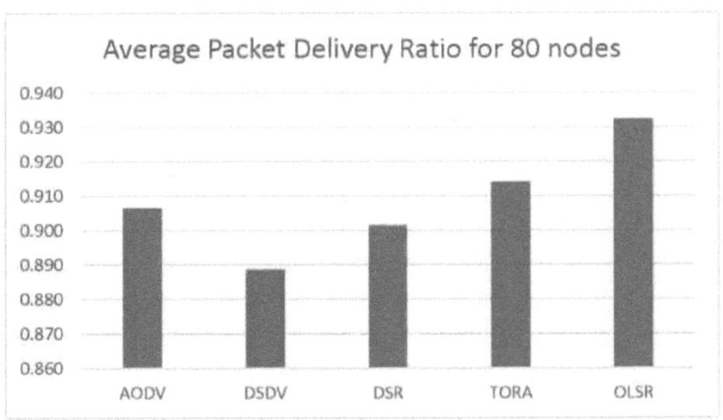

Figura 4. 6 Gráfico que mostra o rácio de entrega de pacotes entre protocolos na rede com 80 nós

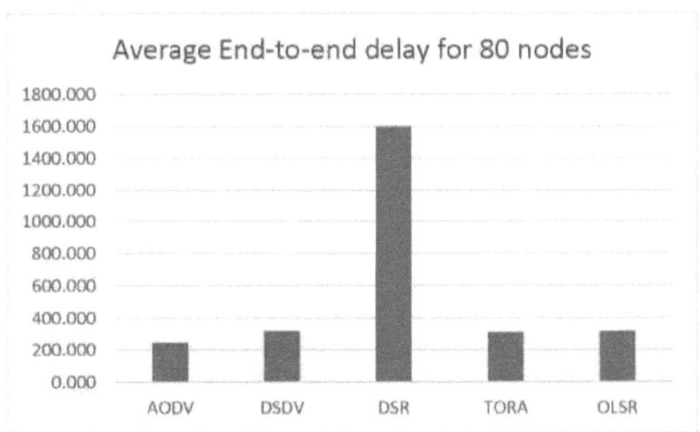

Figura 4. 7 Gráfico que mostra o atraso extremo-a-extremo entre protocolos na rede com 80 nós

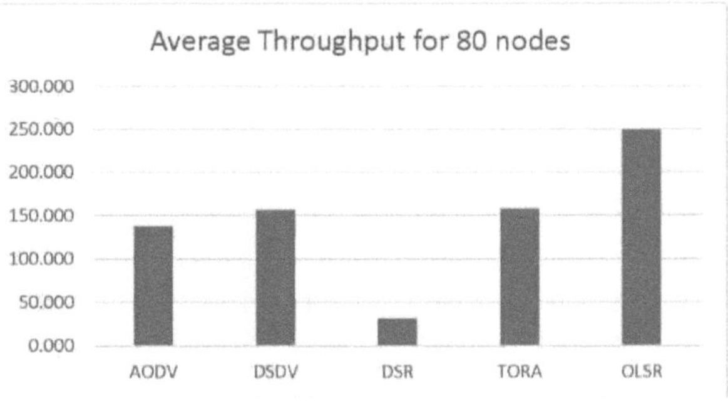

Figura 4. 8 Gráfico que mostra a taxa de transferência entre protocolos na rede com 80 nós

Analisando os resultados, observa-se que na rede de elevado tráfego (80 nós), o TORA e o OLSR superam os outros protocolos nas categorias Reactiva e Proactiva, respetivamente, no que diz respeito à entrega de pacotes, enquanto o OLSR e o AODV registam os protocolos com menor atraso nas categorias proactiva e reactiva, respetivamente, e os protocolos com maior débito são o TORA para a categoria reactiva e o OLSR para a categoria proactiva.

Pode dizer-se que o TORA e o OLSR superam geralmente os outros protocolos nos protocolos reactivos e proactivos, respetivamente, quando o tráfego numa rede é elevado.

Além disso, analisando a rede com pouco tráfego (20 nós), pode deduzir-se que o DSR e o OLSR superam os outros protocolos nas categorias reactiva e proactiva, respetivamente, no que diz respeito à taxa de entrega de pacotes. O DSDV e o TORA têm o menor atraso e o maior débito nas categorias proactiva e reactiva, respetivamente, neste tipo de rede.

Pode dizer-se que o TORA e o DSDV superam geralmente os outros protocolos nos protocolos reactivos e proactivos, respetivamente, quando o tráfego numa rede é elevado.

Os dois protocolos que foram seleccionados para integração após cuidadosa consideração, de modo a obter o protocolo híbrido, são o TORA e o OLSR.

4.3 O protocolo híbrido

O protocolo híbrido que foi concebido é um protocolo que combina as características do protocolo TORA e do protocolo OLSR. Os ficheiros fonte de ambos os protocolos foram obtidos e integrados e o simulador NS2 foi novamente compilado de forma a permitir a implementação do protocolo híbrido.

O protocolo híbrido utiliza o mecanismo TORA (on-demand), ou seja, a fonte terá de fazer um pedido para o destino. Cada nó tem um retransmissor multiponto (MPR) que detém a informação dos nós vizinhos e o estado da ligação dos nós. Estes nós são os responsáveis por determinar o caminho para o destino sempre que um caminho é solicitado pela fonte. A fonte transmite o pedido de rota aos seus MPRs e estes assumem a responsabilidade de encontrar o caminho correto, tal como o OLSR funciona. O protocolo utiliza o TORA para efetuar o pedido, mas é o OLSR que será responsável por manter e fechar o caminho.

Este protocolo híbrido é utilizado para simular os ambientes de rede e os resultados obtidos são apresentados na tabela 4.8

Tabela 4. 8 Resultados do novo protocolo híbrido

Number of nodes	Average Packets Sent (bytes)	Average Packets Received (bytes)	Average Packet Delivery Ratio	Average End-to-end delay (seconds)	Average Throughput (bytes/sec)
20	37003	35715	0.965	629.457	239.857
80	39462	38002	0.963	463.037	255.218

Tabela 4. 9 Resultados para ZRP

Number of nodes	Average Packets Sent (bytes)	Average Packets Received (bytes)	Average Packet Delivery Ratio	Average End-to-end delay (seconds)	Average Throughput (bytes/sec)
20	39408	37248	0.945	394.800	248.320
80	40899	38964	0.953	429.063	259.760

A comparação dos dois protocolos é ilustrada nos gráficos abaixo:

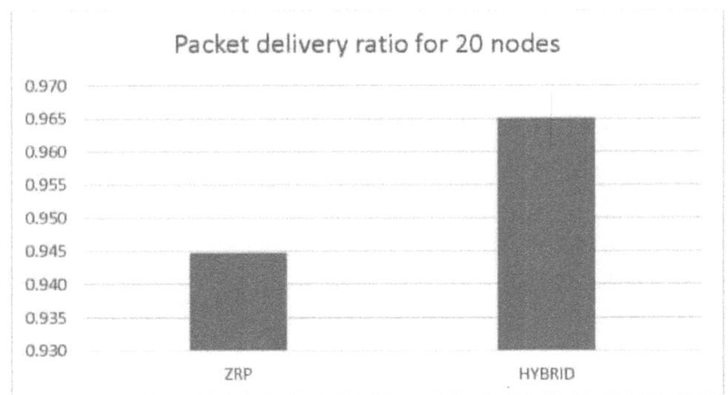

Figura 4. 9 Gráfico que mostra o rácio médio de entrega de pacotes do ZRP e do novo protocolo híbrido para redes de baixo tráfego

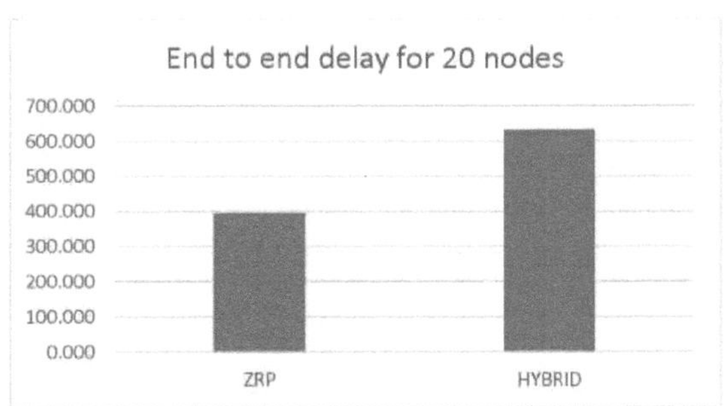

Figura 4. 10 Gráfico que mostra o atraso médio de extremo a extremo do ZRP e do novo protocolo híbrido para redes de baixo tráfego

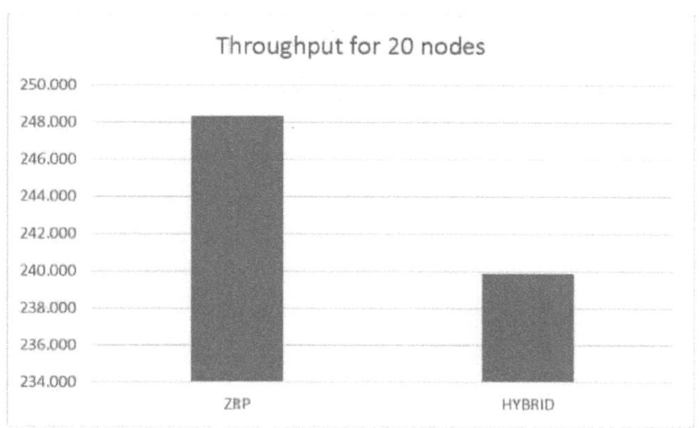

Figura 4. 11 Gráfico que mostra o débito médio do ZRP e do novo protocolo híbrido para tráfego reduzido

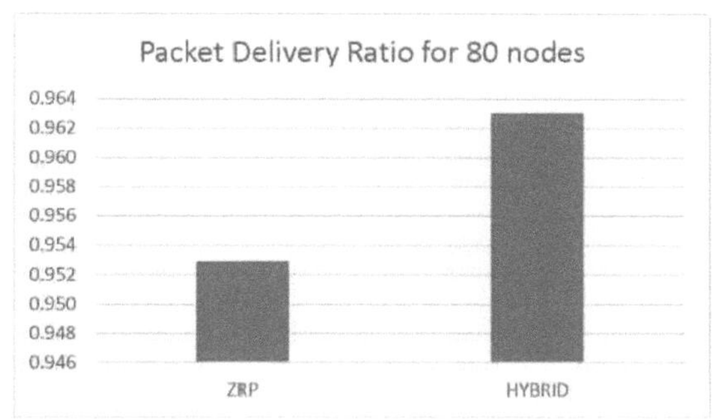

Figura 4. 12 Gráfico que mostra o rácio de entrega de pacotes do ZRP e do novo protocolo híbrido para tráfego elevado

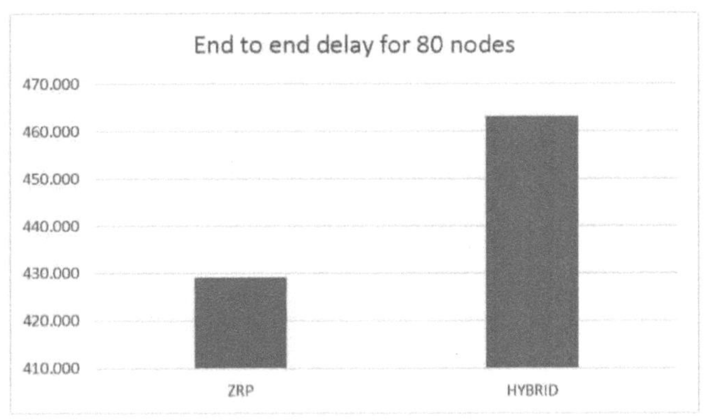

Figura 4. 13 Gráfico que mostra o atraso médio de extremo a extremo do ZRP e do novo protocolo híbrido para redes de elevado tráfego

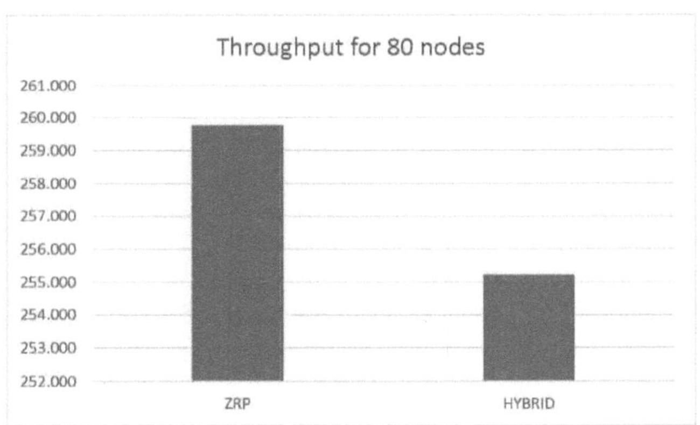

Figura 4. 14 Gráfico que mostra o débito médio do ZRP e do novo protocolo híbrido para redes de elevado tráfego

A partir dos gráficos acima, o novo protocolo híbrido tem uma taxa de entrega de pacotes mais elevada em ambas as redes do que o ZRP, mas o ZRP supera o novo protocolo híbrido na área do débito e do atraso.

CAPÍTULO 5
RESUMO, CONCLUSÕES E RECOMENDAÇÕES

5.0 Introdução

Este capítulo conclui este trabalho de investigação, apresentando o resumo de todo o trabalho de investigação, a conclusão e também recomendações, para além de sugestões para estudos futuros.

5.1 Resumo

O desempenho dos protocolos de roteamento em redes ad hoc varia de acordo com a condição e o estado da rede. Os protocolos analisados neste projeto em dois cenários de rede diferentes têm melhor desempenho num determinado estado. Entre todos os protocolos simulados para uma rede de tráfego elevado (ou seja, uma rede com 80 nós), o novo protocolo híbrido tem o rácio de entrega de pacotes mais elevado, enquanto o AODV tem o atraso mais baixo e o ZRP tem o débito mais elevado, ao passo que, na rede de tráfego reduzido, o protocolo híbrido desenvolvido também tem o rácio de entrega de pacotes mais elevado, enquanto o DSDV tem o atraso mais baixo e o ZRP tem o débito mais elevado.

Este projeto avaliou com sucesso o desempenho dos vários protocolos de encaminhamento que foram simulados de acordo com os objectivos definidos.

Os algoritmos mais eficientes dos protocolos reativo e proactivo foram seleccionados e integrados para formar um protocolo híbrido cujo desempenho foi avaliado em comparação com um dos protocolos de encaminhamento híbrido existentes, ou seja, o ZRP.

5.2 Conclusão

Em conclusão, o protocolo híbrido desenvolvido tem um rácio de entrega de pacotes superior ao dos outros protocolos simulados, pelo que é um protocolo a ter em conta quando a entrega de dados é essencial numa rede ad hoc. Embora o protocolo híbrido tenha uma taxa de transferência ligeiramente inferior à do seu homólogo ZRP, o protocolo híbrido pode ser utilizado e a taxa de perda de pacotes devido a congestionamento será reduzida devido à sua capacidade de entregar mais pacotes.

A investigação cumpriu com êxito os objectivos específicos definidos na causa do projeto.

5.3 Recomendações

Recomenda-se, portanto, a implementação do protocolo híbrido para reduzir a taxa de perda de pacotes.

Quando se trata de dados que precisam de ser entregues sem grande atraso, o protocolo AODV, que é um protocolo a pedido, é sugerido para implementação numa rede com muito tráfego, enquanto o DSDV, que é um protocolo de encaminhamento proactivo, é aconselhado para redes com pouco tráfego.

Quando é necessário entregar mais pacotes num período de tempo mais curto, o ZRP é mais eficaz em ambas as condições de rede.

5.4   Sugestão para estudos futuros

O protocolo híbrido desenvolvido pode ser trabalhado e concebido de forma a reduzir o atraso e aumentar o débito, para que possa ser totalmente eficaz em condições de rede de baixo e elevado tráfego.

Podem também ser analisadas outras métricas de desempenho, não se limitando às utilizadas neste projeto.

Também é possível simular mais cenários de rede e avaliar mais protocolos.

REFERÊNCIAS

Abdessadeq F., Abdelaziz E. e Najib E. (2014). Roteamento inteligente de aplicações em tempo real sobre redes MANET. *Revista Internacional de Investigação Académica (IJAR)*, 6(1), 290-294. DOI: 10.7813/2075-4124.2014/6-1/A.38.

Abdul Hadi A. e Zuriati A. (2009). Performance Comparison of AODV, DSDV and I-DSDV Routing Protocols in Mobile Ad Hoc Networks, European Journal of Scientific Research, 31(4), 566-576, ISSN 1450-216X.

Ahmed S, Bilal M, Farooq, e Hadi F. (2007). Performance Analysis of various routing strategies in Mobile Ad-hoc Network using QualNet simulator, Int. Conf. sobre Tecnologias Emergentes, ICET, Islamabad.

Akkaya, K. e Younis, M. (2005). A Survey on Routing Protocols in Wireless Sensor Networks (Um estudo sobre protocolos de encaminhamento em redes de sensores sem fios). Em Ad-hoc Networks.

Ankur O. B., Prabhakar L. e Ramteke (2013). MANET: História, Desafios e Aplicações. *Revista internacional de aplicação ou inovação em Engenharia e Gestão (IJAIEM)*. 2(9), 249-251, ISSN 2319-4847.

Chlamtac, I., Conti, M, e Liu, J. (2003). Mobile ad hoc networking: imperatives and challenges. Ad Hoc Networks, 1(1) 13-6.

Divya G. e Madhulaki S. (2014). Uma pesquisa sobre controle de congestionamento em redes móveis Ad-Hoc. *Jornal Interrnacional de Pesquisa e Tecnologia em Engenharia (IJERT). 3 6 996-1006. ISSN: 2278-0181.*

Elizabeth M. R. e Chai-Keong T. (1999). A review of current routing protocols for ad hoc mobile wireless networks, Relatório técnico, Universidade da Califórnia e Instituto de Tecnologia da Geórgia, EUA.

Freebersyser e Leiner B. (2001). A DoD Perspective on Mobile Ad Hoc Networks, Ad Hoc Networking, ed. C. E. Perkins, Addison-Wesley, 29-5:. C. E. Perkins, Addison-Wesley, 29-51.

Frodigh M, Johansson P, e Larsson P. (2000). "Wireless ad hoc networking: the art of networking without a network", Ericsson Review, 4, 248-263.

Gagangeet S.A. e Sandeep S. K, (2013). Avaliação abrangente dos protocolos de roteamento AODV, DSR, GRP, OLSR e TORA com número variável de nós e aplicações de tráfego sobre MANETs. *IOSR Journal of Computer Engineering (IOSR-JCE,* e-ISSN: 2278-0661, p- ISSN:2278-8727, 9(3), 54-61

Ghassan A., Mahamod I., e Kasmiran J. (2012). Exploração e avaliação das técnicas tradicionais de controlo de congestionamento TCP. *Journal of King Saud University -Computer and information sciences* 24, 145-155. dx.doi.org/10.1016/j.jksuci.2012.03.002.

Giannoulis S., Antonopoulos C., Topalis E. e Koubias S (2005). ZRP versus DSR e TORA: A comprehensive survey on ZRP performance, 10th IEEE Conference Emerging Technologies and Factory Automation, Grécia.

Haas, Zygmunt J., Pearlman e Marc R. (1997). A New Routing Protocol for The Reconfigurable Wireless Networks, Proc. of 6th IEEE Intl. Conf. on Universal Personal Comm., IEEE ICUPC "97, San Diego, California, USA.

HaoYang, Haiyun e Fan Y. (2004). Security in mobile ad-hoc networks: Challenges and solutions, 11(1), 38-47.

IEEE Computer Society (1997). LAN MAN Standards Committee, Wireless LAN medium access control (MAC) and physical layer (PHY) specifications, IEEE standard 802.11, 1997. The Institute of Electrical and Electronics Engineers, Nova Iorque, NY.

IEEE Computer Society (1999). Norma IEEE para telecomunicações de tecnologias da informação e troca de informações entre sistemas - redes locais e metropolitanas - requisitos específicos - parte 11: especificações de controlo de acesso médio (MAC) e de camada física (PHY) de LAN sem fios: Extensão da camada física (PHY) de maior velocidade na banda de 2,4 GHz.

Issariyakul, T., e Hossain, E. (2009). *Introdução ao simulador de rede NS2*. N.p.: Springer Science+Business Media, LLC. Recuperado em 13 de dezembro de 2015.

Jan N., Karin D., Jimmi G., Katarina P. e Mattias S. (2009). Maobile Ad hoc Networks- Um resumo do projeto. *FOI-Swedish Defence Research Agency Command and Control Systems*. FOI-R-0705-SE. E7035.

Johnson D.B. (1994). Routing in Ad Hoc Networks of Mobile Hosts, Proc. ACM Mobicom '94.

Kishwer A., Muhammad S., Amir Q., Ehsan E., e Amer Z. (2014). Protocolo de malha sem fio híbrido de prevenção de congestionamento (CA-HWMP) para IEEE 802.11s. *Procedia Computer Science 32 229 - 236*. doi: 10.1016/j.procs.2014.05.419.

Lu Y, Wang W, Zhong Y e Bhargava B. (2003). Estudo de protocolos de encaminhamento de vectores de distância para redes ad hoc móveis. *Proc IEEE intl Conf Pervasive Comput Commun (PerCom):* 18794.

Mahbubul A., Tanmoon T. (2011). Controlo de congestionamento em redes móveis Ad-Hoc (MANET).

Mehdi K. E., Anastasios K., Ioannis P. e Markos P. (2012). Controlo de congestionamento em redes urbanas através de Feedback Gating. *Procedia - Social and Behavioral Sciences 48 1599 - 1610*. doi: 10.1016/j.sbspro.2012.06.1135.

Mohamed A. K., Djamel D., Jalel B. O., Abdelraouf O., e Nadjib B. (2014). Estratégias de deteção de congestionamento em redes de sensores sem fio: Um Estudo Comparativo com Experiências de Testbed. *Procedia Computer Science 37 168 - 175*. doi: 10.1016/j.procs.2014.08.026.

Mohamed A. K., Djamel D., Jalel B. O., Abdelraouf O., Miloud B., Noureddine L. e Nadjib B. (2014). Protocolo de controle de congestionamento com reconhecimento de interferência para redes de sensores sem fio. *Procedia Computer Science* 37 181 - 188. doi: 10.1016/j.procs.2014.08.028.

Mohammad R., Jabbarpour S., Rafidah M.D. e Saied G. (2013). Algoritmo de controle de congestionamento dinâmico para redes ad-hoc veiculares. *Revista Internacional de Engenharia de Software e suas Aplicações* 7 (3).

Nidhi P., e Yogesh K. (2015). Mecanismo de controlo de congestionamento em redes ADHOC: Revisão. *Revista internacional de pesquisa avançada em ciência da computação e engenharia de software (IJARCCSE)* 5 7. 701-704. ISSN:2277128x.

Parminder K., e Ranjit S. (2013). Uma abordagem sistemática para o controle de congestionamento em redes ad hoc sem fio usando Opnet. *Jornal Internacional de Pesquisa Avançada em Engenharia da Computação e Comunicação (IJARCCE) 2(3)*. ISSN: 2319-5940.

Perkins C., Royer E. e Das S. (2000). Ad-hoc On Demand Distance Vetor (AODV) routing in IETF Internet Draft.

Perkins C.E, Royer E.M. e Das S. (2005). Ad hoc On-demand Distance Vetor (AODV), RFC 3561.

Perkins C.E. e Bhagwat P. (1994). Destina- tion Sequenced Distance Vetor Routing (DSDV) altamente dinâmico para computadores móveis. Proc. ACM SIGCOMM '94.

Perkins C.E., Royer E.M. (1999). Ad-hoc On-Demand Distance Vetor Routing, Actas do 2° Workshop IEEE sobre Sistemas e Aplicações de Computação Móvel, Nova Orleães, LA, 90-100.

Raju K., Riccardo C., Hosam R., Albert F., Guohong C., Michele Z., Thomas F. e La Porta (2008). Mitigating Performance Degradation in Congested Sensor Networks", IEEE Transactions on Mobile Computing, 7(8).

Reddy T. B., Karthigeyan I., Manoj B.S., Siva R., e Murthy C. (2009). Quality of service provisioning in ad hoc wireless networks: A Survey of Issues and Solutions. www.elsevier.com/locate/adhoc doi:10.1016/j.adhoc.2004.04.008.

Saba S., Ajay K. G., e Rinku-Badgujar (2012). Network Simulation Tools Survey *Revista Internacional de Investigação Avançada em Engenharia Informática e das Comunicações (IJARCCE)* 1(4) ISSN: 2278 -

1021.

Saleh A. Al-Omari, e Putra S. (2010). An Overview of Mobile Ad hoc Netwoks for the existing protocols and applications (Uma visão geral das redes móveis ad hoc para os protocolos e aplicações existentes). *Jornal internacional sobre aplicações da teoria dos grafos em redes adhoc sem fios e redes de sensores (Graph-Hoc)*. 2(1), 87-110.

Senthil K. T., e Sankaranarayanan V. (2012). Deteção dinâmica de congestionamento e encaminhamento de controlo em redes ad hoc. *Journal of King Saud University -Computer and information sciences* 25, 25-31. dx.doi.org/10.1016/j.jksuci.2012.05.004.

Senthil K.T., e Sankaranarayanan V. (2011). Deteção precoce de congestionamento e encaminhamento adaptativo em MANET. *Egyptian Informatics Journal 12, 165-175.* dx.doi.org/10.1016/j.eij.2011.09.001.

Shakeel A., Adli M., Bashir A., Arjamand B., e Al-sammarraie H. (2009). Estudo comparativo das técnicas de controlo de congestionamento em redes de alta velocidade. *International Journals of Computer Science and Information Security (IJCSIS)* 6 (2) ISBN 1947-5500.

Soumendra N., Zhenhui J., e David K. (2007). A Combined Routing Method for Wireless Ad hoc Networks (Um método de roteamento combinado para redes ad hoc sem fio). Relatório técnico TR2007-588 do Dartmouth College.

Sumyla D. (2006). Redes móveis ad-hoc: MANETs

Sung J., Jung M., Gi K., e Byung H. (2006). Performance Enhancement Technique for TCP over Mobile Ad Hoc Networks!, IEEE Hybrid Information Technology, 210-215.

Vasudha S, e Sanjeev K. (2014). Comparação de desempenho dos protocolos de roteamento DSR, OLSR e TORA. *Revista Internacional de Investigação Científica e Tecnológica (IJSTR)*. ISSN: 227786411.

Williams S. (2007). Comunicações de dados e computadores. Oitava edição *Pearson Education inc.* ISBN: 0-13-243310-9.

Yanping T., Haizhen W., Mei J., e Zuozheng L. (2012). Um estudo de abordagens aprimoradas para o controle de congestionamento TCP em redes Ad Hoc. *Procedia Engineering* 29 1270 - 1275. doi:10.1016/j.proeng.2012.01.125.

Yuechao W., e Lianglun C. (2011). Controlo de congestionamento baseado em prioridades em MHWSN. *Procedia Engineering* 154271-4275, publicado por Elsevier Ltd. doi:10.1016/j.proeng.2011.08.801.

Yuvaraju B.N, Niranjan N., e Chiplunkar, (2010). Scenario Based Performance Analysis of Variants of TCP I, *International Journal of Computer Applications* (0975 - 8887), 4 (9).

APÊNDICES

A. Exemplo de código para o script Tcl escrito para simular uma rede com 20 nós

```
# Define options
set val(chan)        Channel/WirelessChannel    ;# channel type
set val(prop)        Propagation/TwoRayGround   ;# radio-propagation model
set val(netif)       Phy/WirelessPhy            ;# network interface type
set val(mac)         Mac/802_11                 ;# MAC type
set val(ifq)         Queue/DropTail/PriQueue    ;# interface queue type
set val(ll)          LL                         ;# link layer type
set val(ant)         Antenna/OmniAntenna        ;# antenna model
set val(ifqlen)      10                         ;# max packet in ifq
set val(nn)          20                         ;# number of mobilenodes
set val(rp)          DSDV                       ;# routing protocol
set val(x)           400                        ;# X dimension of topography
set val(y)           400                        ;# Y dimension of topography
set val(stop)        150                        ;# time of simulation end

set ns          [new Simulator]
set tracefd      [open dsdvp.tr w]
set windowVsTime2 [open win2p.tr w]
set namtrace     [open dsdvp.nam w]

#color coding for class_ 1
$ns color 1 Blue
#color coding for class_ 2
$ns color 2 Red

#color coding for class_ 2
$ns color 2 green


$ns trace-all $tracefd
$ns namtrace-all-wireless $namtrace $val(x) $val(y)

# set up topography object
set topo      [new Topography]

$topo load_flatgrid $val(x) $val(y)


create-god $val(nn)
```

```tcl
#
# Create nn mobilenodes [$val( nn)] and attach them to the channel.
#

# configure the nodes
    $ns node-config -adhocRouting $val(rp) \
        -llType $val(ll) \
        -macType $val(mac) \
        -ifqType $val(ifq) \
        -ifqLen $val(ifqlen) \
        -antType $val(ant) \
        -propType $val(prop) \
        -phyType $val(netif) \
        -channelType $val(chan) \
        -topoInstance $topo \
        -agentTrace ON \
        -routerTrace ON \
        -macTrace OFF \
        -movementTrace ON


#providing initial location of nodes

  for {set i 0} {$i < $val(nn) } { incr i } {
    set node($i) [$ns node]
        $node($i) set X_ [expr 10+round(rand()*380)]
        $node($i) set Y_ [expr 10+round(rand()*380)]
        $node($i) set Z_ 0.0
  }

  for {set i 0} {$i < $val(nn) } { incr i } {
        $ns at [expr 0+round(rand()*60)] "$node($i) setdest [ expr 10+round(rand()*380)] [ expr
10+round(rand()*380)] [expr 2+round(rand()*15)]"
}


#assigning source and destination nodes
for {set i 0} {$i < 10 } {incr i} {
set tcp($i) [new Agent/TCP/Newreno]
$tcp($i) set class_ ($i)


set y [expr 0+round(rand()*19)]
set x [expr 0+round(rand()*19)]


set sink($i) [new Agent/TCPSink]
$ns attach-agent $node($y) $tcp($i)
```

```tcl
$ns attach-agent $node($x) $sink($i)

$ns connect $tcp($i) $sink($i)
}

#generating traffic
for {set i 0} {$i < 10 } {incr i} {

set cbr($i) [new Application/Traffic/CBR]
$cbr($i) set packetSize_ 2000 interval_ 0.0005

$cbr($i) attach-agent $tcp($i)

$ns at 0.0 "$cbr($i) start"
}



#printing the window size
proc plotWindow {tcpSource file} {
global ns
set time 0.01
set now [$ns now]
set cwnd [$tcpSource set cwnd_]
puts $file "$now $cwnd"
$ns at [expr $now+$time] "plotWindow $tcpSource $file"
}

#ploting windows
for {set i 0} {$i < 10 } {incr i} {
$ns at 0.1 "plotWindow $tcp($i) $windowVsTime2"
}


#define node initial position in nam
for {set i 0} {$i < $val(nn)} {incr i} {
#30 defines the node size for nam
$ns initial_node_pos $node($i) 30
}

#telling nodes when simulation will end
for {set i 0} {$i < $val(nn) } {incr i} {
$ns at $val(stop) "$node($i) reset";
}

#ending nam and the simulation
$ns at $val(stop) "$ns nam-end-wireless $val(stop)"
$ns at $val(stop) "stop"
```

```tcl
$ns at 150 "puts \"end simulation\" ; $ns halt"
proc stop {} {
        global ns tracefd namtrace
        $ns flush-trace
        close $tracefd
        close $namtrace
        #exec nam dsdvp.nam &
        }

$ns run
```

B. Exemplo de código para o script Tcl escrito para simular uma rede com 80 nós

```tcl
# Defining options
set val(chan)       Channel/WirelessChannel    ;# channel type
set val(prop)       Propagation/TwoRayGround   ;# radio-propagation model
set val(netif)      Phy/WirelessPhy            ;# network interface type
set val(mac)        Mac/802_11                 ;# MAC type
set val(ifq)        Queue/DropTail/PriQueue    ;# interface queue type
set val(ll)         LL                         ;# link layer type
set val(ant)        Antenna/OmniAntenna        ;# antenna model
set val(ifqlen)     10                         ;# max packet in ifq
set val(nn)         80                         ;# number of mobilenodes
set val(rp)         DSDV                       ;# routing protocol
set val(x)          800                        ;# X dimension of topography
set val(y)          800                        ;# Y dimension of topography
set val(stop)       150                        ;# time of simulation end

set ns          [new Simulator]
set tracefd     [open aodvp.tr w]
set windowVsTime2 [open win1p.tr w]
set namtrace    [open aodvp.nam w]

#color coding for class_ 1
$ns color 1 Blue
#color coding for class_ 2
$ns color 2 Red

#color coding for class_ 2
$ns color 2 green

$ns trace-all $tracefd
$ns namtrace-all-wireless $namtrace $val(x) $val(y)
```

```tcl
# set up topography object
set topo      [new Topography]

$topo load_flatgrid $val(x) $val(y)



create-god $val(nn)

#
#  Create nn mobilenodes [$val( nn)] and attach them to the channel.
#

# configure the nodes
    $ns node-config -adhocRouting $val(rp) \
        -llType $val(ll) \
        -macType $val(mac) \
        -ifqType $val(ifq) \
        -ifqLen $val(ifqlen) \
        -antType $val(ant) \
        -propType $val(prop) \
        -phyType $val(netif) \
        -channelType $val(chan) \
        -topoInstance $topo \
        -agentTrace ON \
        -routerTrace ON \
        -macTrace OFF \
        -movementTrace ON


#providing initial location of nodes

  for {set i 0}  {$i < $val(nn) } { incr i } {
    set node($i) [$ns node]
      $node($i) set X_ [expr 0+round(rand()*780)]
      $node($i) set Y_ [expr 0+round(rand()*680)]
      $node($i) set Z_ 0.0
  }

  for {set i 0}  {$i < $val(nn) } { incr i } {
      $ns at [expr 0+round(rand()*60)] "$node($i) setdest [ expr 10+round(rand()*780)] [ expr
10+round(rand()*680)] [expr 2+round(rand()*15)]"
}


#assigning source and destination nodes
for {set i 0}  {$i < 50 } {incr i} {
set tcp($i) [new Agent/TCP/Newreno]
```

```tcl
$tcp($i) set class_ ($i)

#selecting random nodes
set y [expr 0+round(rand()*79)]
set x [expr 0+round(rand()*79)]

#setting source and destination
set sink($i) [new Agent/TCPSink]
$ns attach-agent $node($y) $tcp($i)
$ns attach-agent $node($x) $sink($i)

#connecting source with destination
$ns connect $tcp($i) $sink($i)
}

#generating traffic
for {set i 0} {$i < 50 } {incr i} {

set cbr($i) [new Application/Traffic/CBR]
$cbr($i) set packetSize_ 2000 interval_ 0.0005

$cbr($i) attach-agent $tcp($i)

$ns at 0.0 "$cbr($i) start"
}



#printing the window size
proc plotWindow {tcpSource file} {
global ns
set time 0.01
set now [$ns now]
set cwnd [$tcpSource set cwnd_]
puts $file "$now $cwnd"
$ns at [expr $now+$time] "plotWindow $tcpSource $file"
}

#ploting windows
for {set i 0} {$i < 50 } {incr i} {
$ns at 0.1 "plotWindow $tcp($i) $windowVsTime2"
}


#define node initial position in nam
for {set i 0} {$i < $val(nn)} {incr i} {
#30 defines the node size for nam
$ns initial_node_pos $node($i) 30
```

```
}

#telling nodes when simulation will end
for {set i 0} {$i < $val(nn) } {incr i} {
$ns at $val(stop) "$node($i) reset";
}

#ending nam and the simulation
$ns at $val(stop) "$ns nam-end-wireless $val(stop)"
$ns at $val(stop) "stop"
$ns at 150 "puts \"end simulation\" ; $ns halt"
proc stop {} {
        global ns tracefd namtrace
        $ns flush-trace
        close $tracefd
        close $namtrace
        exec nam aodvp.nam &
        }

$ns run
```

C. Amostra dos ficheiros de rastreio gerados

```
s 0.000000000 _52_ AGT  --- 0 tcp 40 [0 0 0 0] ------- [52:0 75:0 32 0] [0 0] 0 0
r 0.000000000 _52_ RTR  --- 0 tcp 40 [0 0 0 0] ------- [52:0 75:0 32 0] [0 0] 0 0
s 0.000000000 _65_ AGT  --- 1 tcp 40 [0 0 0 0] ------- [65:0 76:0 32 0] [0 0] 0 0
r 0.000000000 _65_ RTR  --- 1 tcp 40 [0 0 0 0] ------- [65:0 76:0 32 0] [0 0] 0 0
s 0.000000000 _71_ AGT  --- 2 tcp 40 [0 0 0 0] ------- [71:0 10:0 32 0] [0 0] 0 0
r 0.000000000 _71_ RTR  --- 2 tcp 40 [0 0 0 0] ------- [71:0 10:0 32 0] [0 0] 0 0
s 0.000000000 _56_ AGT  --- 3 tcp 40 [0 0 0 0] ------- [56:0 27:0 32 0] [0 0] 0 0
r 0.000000000 _56_ RTR  --- 3 tcp 40 [0 0 0 0] ------- [56:0 27:0 32 0] [0 0] 0 0
s 0.000000000 _65_ AGT  --- 4 tcp 40 [0 0 0 0] ------- [65:1 35:0 32 0] [0 0] 0 0
r 0.000000000 _65_ RTR  --- 4 tcp 40 [0 0 0 0] ------- [65:1 35:0 32 0] [0 0] 0 0
s 0.000000000 _3_ AGT  --- 5 tcp 40 [0 0 0 0] ------- [3:0 8:0 32 0] [0 0] 0 0
r 0.000000000 _3_ RTR  --- 5 tcp 40 [0 0 0 0] ------- [3:0 8:0 32 0] [0 0] 0 0
s 0.000000000 _68_ AGT  --- 6 tcp 40 [0 0 0 0] ------- [68:0 78:0 32 0] [0 0] 0 0

r 0.000000000 _68_ RTR  --- 6 tcp 40 [0 0 0 0] ------- [68:0 78:0 32 0] [0 0] 0 0
s 0.000000000 _32_ AGT  --- 7 tcp 40 [0 0 0 0] ------- [32:0 52:1 32 0] [0 0] 0 0
r 0.000000000 _32_ RTR  --- 7 tcp 40 [0 0 0 0] ------- [32:0 52:1 32 0] [0 0] 0 0
s 0.000000000 _72_ AGT  --- 8 tcp 40 [0 0 0 0] ------- [72:0 7:0 32 0] [0 0] 0 0
r 0.000000000 _72_ RTR  --- 8 tcp 40 [0 0 0 0] ------- [72:0 7:0 32 0] [0 0] 0 0
s 0.000000000 _4_ AGT  --- 9 tcp 40 [0 0 0 0] ------- [4:0 54:0 32 0] [0 0] 0 0
r 0.000000000 _4_ RTR  --- 9 tcp 40 [0 0 0 0] ------- [4:0 54:0 32 0] [0 0] 0 0
s 0.000000000 _61_ AGT  --- 10 tcp 40 [0 0 0 0] ------- [61:0 75:1 32 0] [0 0] 0 0
```

r 0.000000000 _61_ RTR --- 10 tcp 40 [0 0 0 0] ------- [61:0 75:1 32 0] [0 0] 0 0
s 0.000000000 _5_ AGT --- 11 tcp 40 [0 0 0 0] ------- [5:0 35:1 32 0] [0 0] 0 0
r 0.000000000 _5_ RTR --- 11 tcp 40 [0 0 0 0] ------- [5:0 35:1 32 0] [0 0] 0 0
s 0.000000000 _46_ AGT --- 12 tcp 40 [0 0 0 0] ------- [46:0 26:0 32 0] [0 0] 0 0
r 0.000000000 _46_ RTR --- 12 tcp 40 [0 0 0 0] ------- [46:0 26:0 32 0] [0 0] 0 0
s 0.000000000 _68_ AGT --- 13 tcp 40 [0 0 0 0] ------- [68:1 71:1 32 0] [0 0] 0 0
s 0.000000000 _60_ AGT --- 47 tcp 40 [0 0 0 0] ------- [60:0 73:2 32 0] [0 0] 0 0
r 0.000000000 _60_ RTR --- 47 tcp 40 [0 0 0 0] ------- [60:0 73:2 32 0] [0 0] 0 0
s 0.000000000 _51_ AGT --- 48 tcp 40 [0 0 0 0] ------- [51:3 21:2 32 0] [0 0] 0 0
r 0.000000000 _51_ RTR --- 48 tcp 40 [0 0 0 0] ------- [51:3 21:2 32 0] [0 0] 0 0
s 0.000000000 _0_ AGT --- 49 tcp 40 [0 0 0 0] ------- [0:0 65:4 32 0] [0 0] 0 0
r 0.000000000 _0_ RTR --- 49 tcp 40 [0 0 0 0] ------- [0:0 65:4 32 0] [0 0] 0 0
s 0.009062526 _40_ RTR --- 50 message 32 [0 0 0 0] ------- [40:255 -1:255 32 0]
r 0.010422629 _51_ RTR --- 50 message 32 [0 ffffffff 28 800] ------- [40:255 -1:255 32 0]
r 0.010422657 _32_ RTR --- 50 message 32 [0 ffffffff 28 800] ------- [40:255 -1:255 32 0]
r 0.010422864 _44_ RTR --- 50 message 32 [0 ffffffff 28 800] ------- [40:255 -1:255 32 0]
s 0.010422864 _44_ RTR --- 38 tcp 80 [0 0 0 0] ------- [44:0 40:2 32 40] [0 0] 0 0
r 0.010422899 _59_ RTR --- 50 message 32 [0 ffffffff 28 800] ------- [40:255 -1:255 32 0]
r 0.010422942 _18_ RTR --- 50 message 32 [0 ffffffff 28 800] ------- [40:255 -1:255 32 0]
r 0.010422943 _79_ RTR --- 50 message 32 [0 ffffffff 28 800] ------- [40:255 -1:255 32 0]
r 0.010423093 _54_ RTR --- 50 message 32 [0 ffffffff 28 800] ------- [40:255 -1:255 32 0]
r 0.010423097 _65_ RTR --- 50 message 32 [0 ffffffff 28 800] ------- [40:255 -1:255 32 0]
r 0.010423104 _58_ RTR --- 50 message 32 [0 ffffffff 28 800] ------- [40:255 -1:255 32 0]
r 0.010423189 _2_ RTR --- 50 message 32 [0 ffffffff 28 800] ------- [40:255 -1:255 32 0]
r 0.010423251 _43_ RTR --- 50 message 32 [0 ffffffff 28 800] ------- [40:255 -1:255 32 0]
r 0.010423269 _63_ RTR --- 50 message 32 [0 ffffffff 28 800] ------- [40:255 -1:255 32 0]
r 0.010423276 _3_ RTR --- 50 message 32 [0 ffffffff 28 800] ------- [40:255 -1:255 32 0]
r 0.010423358 _10_ RTR --- 50 message 32 [0 ffffffff 28 800] ------- [40:255 -1:255 32 0]
r 0.010423358 _77_ RTR --- 50 message 32 [0 ffffffff 28 800] ------- [40:255 -1:255 32 0]
s 0.012485549 _48_ RTR --- 51 message 32 [0 0 0 0] ------- [48:255 -1:255 32 0]
r 0.015916234 _40_ AGT --- 38 tcp 80 [13a 28 2c 800] ------- [44:0 40:2 32 40] [0 0] 1 0
s 0.015916234 _40_ AGT --- 52 ack 40 [0 0 0 0] ------- [40:2 44:0 32 0] [0 0] 0 0
r 0.015916234 _40_ RTR --- 52 ack 40 [0 0 0 0] ------- [40:2 44:0 32 0] [0 0] 0 0
r 0.017585262 _53_ RTR --- 51 message 32 [0 ffffffff 30 800] ------- [48:255 -1:255 32 0]
r 0.017585335 _69_ RTR --- 51 message 32 [0 ffffffff 30 800] ------- [48:255 -1:255 32 0]
r 0.017585345 _58_ RTR --- 51 message 32 [0 ffffffff 30 800] ------- [48:255 -1:255 32 0]
r 0.017585365 _54_ RTR --- 51 message 32 [0 ffffffff 30 800] ------- [48:255 -1:255 32 0]
r 0.017585379 _70_ RTR --- 51 message 32 [0 ffffffff 30 800] ------- [48:255 -1:255 32 0]
r 0.017585439 _78_ RTR --- 51 message 32 [0 ffffffff 30 800] ------- [48:255 -1:255 32 0]
r 0.017585510 _79_ RTR --- 51 message 32 [0 ffffffff 30 800] ------- [48:255 -1:255 32 0]
r 0.017585552 _11_ RTR --- 51 message 32 [0 ffffffff 30 800] ------- [48:255 -1:255 32 0]
r 0.017585561 _35_ RTR --- 51 message 32 [0 ffffffff 30 800] ------- [48:255 -1:255 32 0]
r 0.017585592 _44_ RTR --- 51 message 32 [0 ffffffff 30 800] ------- [48:255 -1:255 32 0]
r 0.017585598 _3_ RTR --- 51 message 32 [0 ffffffff 30 800] ------- [48:255 -1:255 32 0]
r 0.017585665 _10_ RTR --- 51 message 32 [0 ffffffff 30 800] ------- [48:255 -1:255 32 0]
r 0.017585736 _25_ RTR --- 51 message 32 [0 ffffffff 30 800] ------- [48:255 -1:255 32 0]
r 0.017585751 _28_ RTR --- 51 message 32 [0 ffffffff 30 800] ------- [48:255 -1:255 32 0]
r 0.017585781 _20_ RTR --- 51 message 32 [0 ffffffff 30 800] ------- [48:255 -1:255 32 0]

r 0.017585829 _51_ RTR --- 51 message 32 [0 ffffffff 30 800] ------- [48:255 -1:255 32 0]
r 0.017585857 _59_ RTR --- 51 message 32 [0 ffffffff 30 800] ------- [48:255 -1:255 32 0]
r 0.017585873 _43_ RTR --- 51 message 32 [0 ffffffff 30 800] ------- [48:255 -1:255 32 0]
s 0.041393543 _61_ RTR --- 53 message 32 [0 0 0 0] ------- [61:255 -1:255 32 0]

D. Exemplo de código para o script AWK que foi utilizado para determinar o atraso de ponta a ponta

```awk
BEGIN {
seqno=-1;
dp=0;
rp=0;
cnt=0;
}
{
if($4=="AGT"&&$1=="s"&&seqno<$6)
{
seqno=$6;
}
else if(($4=="AGT")&&($1=="r"))
{
rp++;
}
else if($1=="D"&&$7=="tcp")
{
dp++;
}
#end_end delay
if($4=="AGT"&&$1=="s")
{
start_time[$6]=$2;
}
else if(($4=="AGT")&&($1=="r"))
{
end_time[$6]=$2;
}
else if($1=="D"&&$7="tcp")
{
end_time[$6]=-1;
}
}
END{
for(i=0;i<=seqno;i++)
{
if(end_time[i]>0)
{
delay[i]=end_time[i]-start_time[i];
```

```
cnt++;
}
else
{
delay[i]=-1;
}
}
for(i=0;i<=seqno;i++)
{
if(delay[i]>0)
{
delay=delay+delay[i];
}
}
delay=delay/(cnt+1);
printf( "delay= %.2f" ,delay*1000);
print "\n";
}
```

E. Exemplo de código para o script AWK que foi utilizado para determinar a taxa de transferência

```
BEGIN {
recvdSize = 0
txsize=0
drpSize=0
startTime = 400
stopTime = 0
thru=0

}
{
event = $1
time = $2
node_id = $3
pkt_size = $8
level = $4
# Store start time
if (level == "AGT" && event == "s" ) {
if (time < startTime) {
startTime = time
}
# hdr_size = pkt_size % 400
#     pkt_size -= hdr_size
# Store transmitted packet's size
txsize++;
}
```

```awk
# Update total received packets' size and store packets arrival time
if (level == "AGT" && event == "r" ) {
if (time > stopTime) {
stopTime = time
}
# Rip off the header
#  hdr_size = pkt_size % 400
# pkt_size -= hdr_size
# Store received packet's size
recvdSize++
# thru=(recvdSize/txsize)
# printf(" %.2f %.2f \n" ,time,thru)>"tru2.tr"


}
if (level == "AGT" && event == "D" ) {
# hdr_size = pkt_size % 400
#     pkt_size -= hdr_size
# Store received packet's size
drpSize++


}
}
END {
printf("AverageThroughput[kbps]    =    %.2f\nsent    =    %.2f\td=%.2f\trecieved=%.2f\n
StartTime=%.2f\t\t  StopTime=%.2f\n  PDR=%.4f\n", (recvdSize/ (stopTime-startTime)),
txsize, drpSize, recvdSize, startTime, stopTime, (recvdSize/txsize))

}
```

F. Exemplo de código para o script AWK que foi utilizado para determinar a taxa de entrega de pacotes

```awk
BEGIN {
sendLine = 0;
recvLine = 0;
}

$0 ~/^s.* AGT/ {
sendLine ++ ;
}

$0 ~/^r.* AGT/ {
recvLine ++ ;
}

END {
printf "Ratio:%.4f \n", (recvLine/sendLine);
printf "recieved:%d, sent:%d \n", recvLine, sendLine;
}
```

Resultados da análise do AODV para uma rede com 20 nós após três simulações

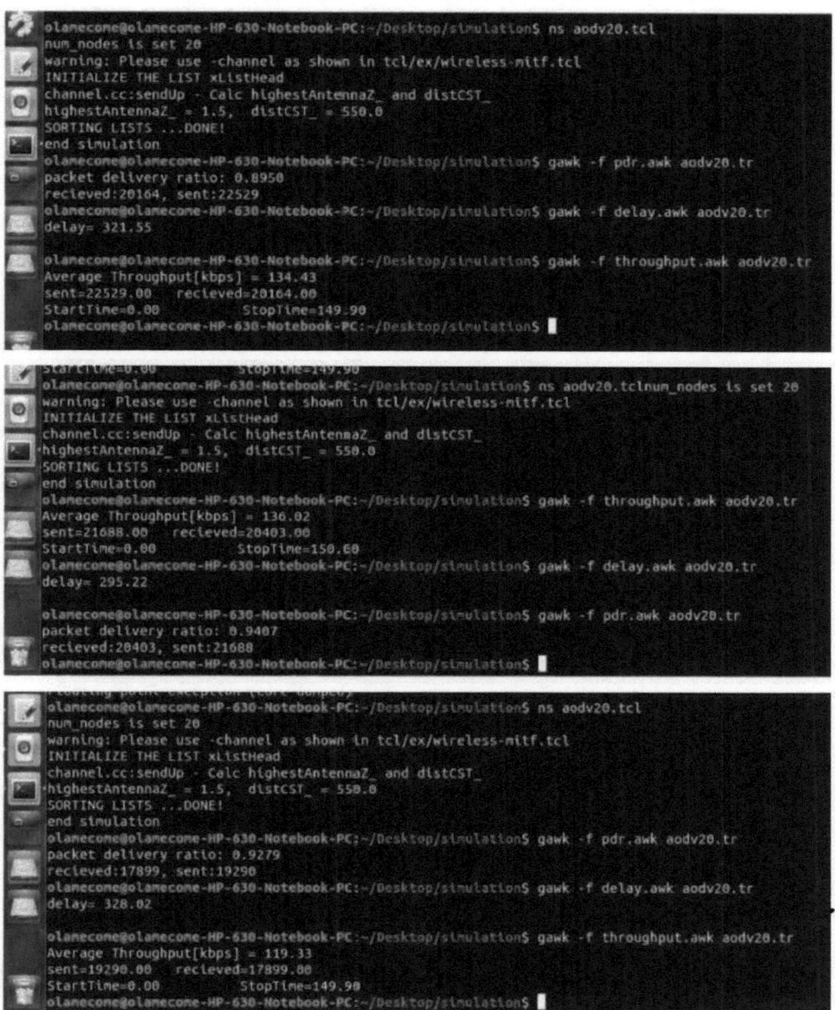

Resultados da análise do AODV para uma rede com 80 nós após três simulações

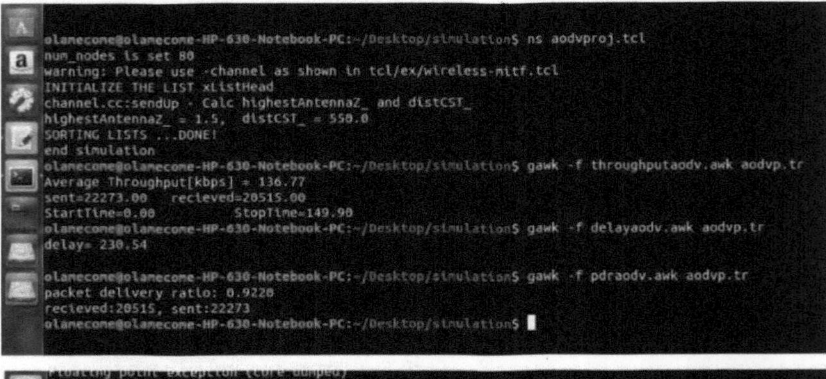

olamecone@olamecone-HP-630-Notebook-PC:~/Desktop/simulation$ ns aodvproj.tcl
num_nodes is set 80
warning: Please use -channel as shown in tcl/ex/wireless-mitf.tcl
INITIALIZE THE LIST xListHead
channel.cc:sendUp - Calc highestAntennaZ_ and distCST_
highestAntennaZ_ = 1.5,   distCST_ = 550.0
SORTING LISTS ...DONE!
end simulation
olamecone@olamecone-HP-630-Notebook-PC:~/Desktop/simulation$ gawk -f pdraodv.awk aodvp.tr
packet delivery ratio: 0.8666
recieved:17801, sent:20541
olamecone@olamecone-HP-630-Notebook-PC:~/Desktop/simulation$ gawk -f delayaodv.awk aodvp.tr
delay= 296.69

olamecone@olamecone-HP-630-Notebook-PC:~/Desktop/simulation$ gawk -f throughputaodv.awk aodvp.tr
Average Throughput[kbps] = 118.67
sent=20541.00   recieved=17801.00
StartTime=0.00   StopTime=150.00
olamecone@olamecone-HP-630-Notebook-PC:~/Desktop/simulation$

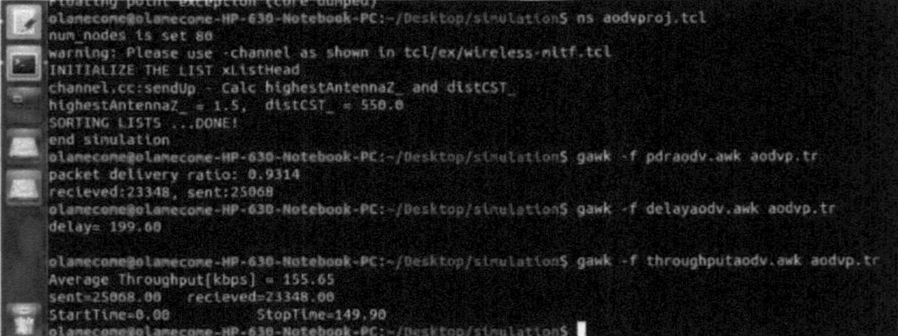

olamecone@olamecone-HP-630-Notebook-PC:~/Desktop/simulation$ ns aodvproj.tcl
num_nodes is set 80
warning: Please use -channel as shown in tcl/ex/wireless-mitf.tcl
INITIALIZE THE LIST xListHead
channel.cc:sendUp - Calc highestAntennaZ_ and distCST_
highestAntennaZ_ = 1.5,   distCST_ = 550.0
SORTING LISTS ...DONE!
end simulation
olamecone@olamecone-HP-630-Notebook-PC:~/Desktop/simulation$ gawk -f throughputaodv.awk aodvp.tr
Average Throughput[kbps] = 136.77
sent=22273.00   recieved=20515.00
StartTime=0.00   StopTime=149.90
olamecone@olamecone-HP-630-Notebook-PC:~/Desktop/simulation$ gawk -f delayaodv.awk aodvp.tr
delay= 230.54

olamecone@olamecone-HP-630-Notebook-PC:~/Desktop/simulation$ gawk -f pdraodv.awk aodvp.tr
packet delivery ratio: 0.9220
recieved:20515, sent:22273
olamecone@olamecone-HP-630-Notebook-PC:~/Desktop/simulation$

Floating point exception (core dumped)
olamecone@olamecone-HP-630-Notebook-PC:~/Desktop/simulation$ ns aodvproj.tcl
num_nodes is set 80
warning: Please use -channel as shown in tcl/ex/wireless-mitf.tcl
INITIALIZE THE LIST xListHead
channel.cc:sendUp   Calc highestAntennaZ_ and distCST_
highestAntennaZ_ = 1.5,   distCST_ = 550.0
SORTING LISTS ...DONE!
end simulation
olamecone@olamecone-HP-630-Notebook-PC:~/Desktop/simulation$ gawk -f pdraodv.awk aodvp.tr
packet delivery ratio: 0.9314
recieved:23348, sent:25068
olamecone@olamecone-HP-630-Notebook-PC:~/Desktop/simulation$ gawk -f delayaodv.awk aodvp.tr
delay= 199.60

olamecone@olamecone-HP-630-Notebook-PC:~/Desktop/simulation$ gawk -f throughputaodv.awk aodvp.tr
Average Throughput[kbps] = 155.65
sent=25068.00   recieved=23348.00
StartTime=0.00   StopTime=149.90
olamecone@olamecone-HP-630-Notebook-PC:~/Desktop/simulation$

Resultados da análise DSR para uma rede com 20 nós após três simulações

```
olamecone@olamecone-HP-630-Notebook-PC:~/Desktop/simulation$ ns dsr20.tcl
num_nodes is set 20
warning: Please use -channel as shown in tcl/ex/wireless-mitf.tcl
INITIALIZE THE LIST xListHead
channel.cc:sendUp - Calc highestAntennaZ_ and distCST_
highestAntennaZ_ = 1.5,  distCST_ = 550.0
SORTING LISTS ...DONE!
end simulation
olamecone@olamecone-HP-630-Notebook-PC:~/Desktop/simulation$ gawk -f delay.awk dsr20.tr
delay= 1126.98

olamecone@olamecone-HP-630-Notebook-PC:~/Desktop/simulation$ gawk -f pdr.awk dsr20.tr
packet delivery ratio: 0.9020
recieved:20324, sent:22531
olamecone@olamecone-HP-630-Notebook-PC:~/Desktop/simulation$ gawk -f throughput.awk dsr20.tr
Average Throughput[kbps] = 135.49
sent=22531.00   recieved=20324.00
StartTime=0.00       StopTime=150.00
olamecone@olamecone-HP-630-Notebook-PC:~/Desktop/simulation$
```

```
StartTime=0.00       StopTime=150.00
olamecone@olamecone-HP-630-Notebook-PC:~/Desktop/simulation$ ns dsr20.tclnum_nodes is set 20
warning: Please use -channel as shown in tcl/ex/wireless-mitf.tcl
INITIALIZE THE LIST xListHead
channel.cc:sendUp - Calc highestAntennaZ_ and distCST_
highestAntennaZ_ = 1.5,  distCST_ = 550.0
SORTING LISTS ...DONE!
end simulation
olamecone@olamecone-HP-630-Notebook-PC:~/Desktop/simulation$ gawk -f throughput.awk dsr20.tr
Average Throughput[kbps] = 137.91
sent=21211.00   recieved=20687.00
StartTime=0.00       StopTime=149.90
olamecone@olamecone-HP-630-Notebook-PC:~/Desktop/simulation$ gawk -f pdr.awk dsr20.tr
packet delivery ratio: 0.9753
recieved:20687, sent:21211
olamecone@olamecone-HP-630-Notebook-PC:~/Desktop/simulation$ gawk -f delay.awk dsr20.tr
delay= 1204.77

olamecone@olamecone-HP-630-Notebook-PC:~/Desktop/simulation$
```

```
olamecone@olamecone-HP-630-Notebook-PC:~/Desktop/simulation$ ns dsr20.tcl
num_nodes is set 20
warning: Please use -channel as shown in tcl/ex/wireless-mitf.tcl
INITIALIZE THE LIST xListHead
channel.cc:sendUp - Calc highestAntennaZ_ and distCST_
highestAntennaZ_ = 1.5,  distCST_ = 550.0
SORTING LISTS ...DONE!
end simulation
olamecone@olamecone-HP-630-Notebook-PC:~/Desktop/simulation$ gawk -f delay.awk dsr20.tr
delay= 1198.84

olamecone@olamecone-HP-630-Notebook-PC:~/Desktop/simulation$ gawk -f pdr.awk dsr20.tr
packet delivery ratio: 0.9364
recieved:18106, sent:19336
olamecone@olamecone-HP-630-Notebook-PC:~/Desktop/simulation$ gawk -f throughput.awk dsr20.tr
Average Throughput[kbps] = 120.71
sent=19336.00   recieved=18106.00
StartTime=0.00       StopTime=149.90
olamecone@olamecone-HP-630-Notebook-PC:~/Desktop/simulation$
```

Resultados da análise DSR para uma rede com 80 nós após três simulações

Resultados da análise TORA para uma rede com 20 nós após três simulações

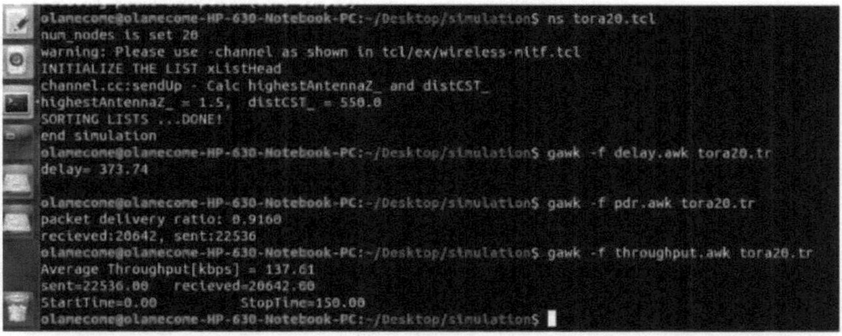

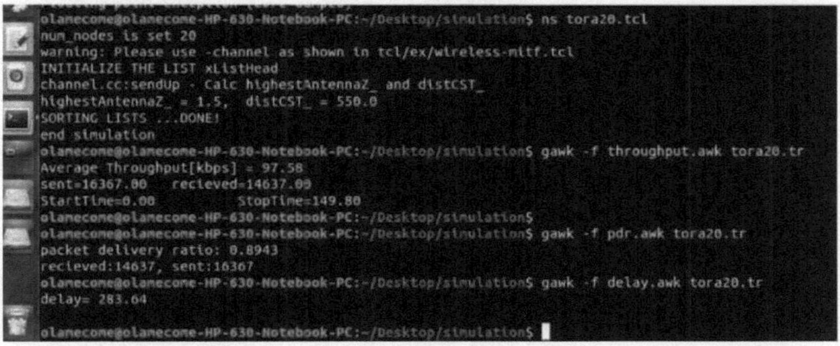

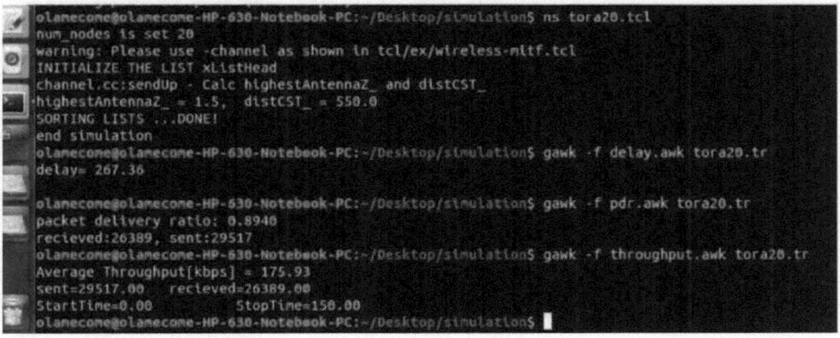

Resultados da análise TORA para uma rede com 80 nós após três simulações

```
olamecone@olamecone-HP-630-Notebook-PC:~$ cd /home/olamecone/Desktop/simulation
olamecone@olamecone-HP-630-Notebook-PC:~/Desktop/simulation$ ns toraproj.tcl
num_nodes is set 80
warning: Please use -channel as shown in tcl/ex/wireless-mitf.tcl
INITIALIZE THE LIST xListHead
channel.cc:sendUp - Calc highestAntennaZ_ and distCST_
highestAntennaZ_ = 1.5,  distCST_ = 550.0
SORTING LISTS ...DONE!
end simulation
olamecone@olamecone-HP-630-Notebook-PC:~/Desktop/simulation$ gawk -f delay.awk torap.tr
delay= 312.73

olamecone@olamecone-HP-630-Notebook-PC:~/Desktop/simulation$ gawk -f pdr.awk torap.tr
packet delivery ratio: 0.9150
recieved:26345, sent:28791
olamecone@olamecone-HP-630-Notebook-PC:~/Desktop/simulation$ gawk -f throughput.awk torap.tr
Average Throughput[kbps] = 175.63
sent=28791.00   recieved=26345.00
StartTime=0.00          StopTime=150.00
olamecone@olamecone-HP-630-Notebook-PC:~/Desktop/simulation$
```

```
olamecone@olamecone-HP-630-Notebook-PC:~/Desktop/simulation$ ns toraproj.tcl
num_nodes is set 80
warning: Please use -channel as shown in tcl/ex/wireless-mitf.tcl
INITIALIZE THE LIST xListHead
channel.cc:sendUp - Calc highestAntennaZ_ and distCST_
highestAntennaZ_ = 1.5,  distCST_ = 550.0
SORTING LISTS ...DONE!
end simulation
olamecone@olamecone-HP-630-Notebook-PC:~/Desktop/simulation$ gawk -f throughput.awk torap.tr
Average Throughput[kbps] = 166.69
sent=26917.00  recieved=25004.00
StartTime=0.00          StopTime=149.90
olamecone@olamecone-HP-630-Notebook-PC:~/Desktop/simulation$ gawk -f pdr.awk torap.tr
packet delivery ratio: 0.9289
recieved:25004, sent:26917
olamecone@olamecone-HP-630-Notebook-PC:~/Desktop/simulation$ gawk -f delay.awk torap.tr
delay= 244.63

olamecone@olamecone-HP-630-Notebook-PC:~/Desktop/simulation$
```

```
olamecone@olamecone-HP-630-Notebook-PC:~/Desktop/simulation$ ns toraproj.tcl
num_nodes is set 80
warning: Please use -channel as shown in tcl/ex/wireless-mitf.tcl
INITIALIZE THE LIST xListHead
channel.cc:sendUp - Calc highestAntennaZ_ and distCST_
highestAntennaZ_ = 1.5,  distCST_ = 550.0
SORTING LISTS ...DONE!
end simulation
olamecone@olamecone-HP-630-Notebook-PC:~/Desktop/simulation$ gawk -f delay.awk torap.tr
delay= 374.48

olamecone@olamecone-HP-630-Notebook-PC:~/Desktop/simulation$ gawk -f pdr.awk torap.tr
packet delivery ratio: 0.8979
recieved:19645, sent:21878
olamecone@olamecone-HP-630-Notebook-PC:~/Desktop/simulation$ gawk -f throughput.awk torap.tr
Average Throughput[kbps] = 130.97
sent=21878.00  recieved=19645.00
StartTime=0.00          StopTime=149.90
olamecone@olamecone-HP-630-Notebook-PC:~/Desktop/simulation$
```

Resultados da análise DSDV para uma rede com 20 nós após três simulações

```
olamecone@olamecone-HP-630-Notebook-PC:~/Desktop/simulation$ ns dsdv20.tcl
num_nodes is set 20
warning: Please use -channel as shown in tcl/ex/wireless-mitf.tcl
INITIALIZE THE LIST xListHead
channel.cc:sendUp - Calc highestAntennaZ_ and distCST_
highestAntennaZ_ = 1.5,  distCST_ = 550.0
SORTING LISTS ...DONE!
end simulation
olamecone@olamecone-HP-630-Notebook-PC:~/Desktop/simulation$ gawk -f pdr.awk dsdv20.tr
packet delivery ratio: 0.9242
recieved:20873, sent:22586
olamecone@olamecone-HP-630-Notebook-PC:~/Desktop/simulation$ gawk -f throughput.awk dsdv20.tr
Average Throughput[kbps] = 139.15
sent=22586.00   recieved=20873.00
StartTime=0.00          StopTime=149.80
olamecone@olamecone-HP-630-Notebook-PC:~/Desktop/simulation$ gawk -f delay.awk dsdv20.tr
delay= 139.15

olamecone@olamecone-HP-630-Notebook-PC:~/Desktop/simulation$
```

```
olamecone@olamecone-HP-630-Notebook-PC:~/Desktop/simulation$ ns dsdv20.tcl
num_nodes is set 20
warning: Please use -channel as shown in tcl/ex/wireless-mitf.tcl
INITIALIZE THE LIST xListHead
channel.cc:sendUp - Calc highestAntennaZ_ and distCST_
highestAntennaZ_ = 1.5,  distCST_ = 550.0
SORTING LISTS ...DONE!
end simulation
olamecone@olamecone-HP-630-Notebook-PC:~/Desktop/simulation$ gawk -f delay.awk dsdv20.tr
delay= 130.35

olamecone@olamecone-HP-630-Notebook-PC:~/Desktop/simulation$ gawk -f throughput.awk dsdv20.tr
Average Throughput[kbps] = 123.68
sent=20721.00   recieved=18552.00
StartTime=0.00          StopTime=149.90
olamecone@olamecone-HP-630-Notebook-PC:~/Desktop/simulation$ gawk -f pdr.awk dsdv20.tr
packet delivery ratio: 0.8953
recieved:18552, sent:20721
olamecone@olamecone-HP-630-Notebook-PC:~/Desktop/simulation$
```

```
olamecone@olamecone-HP-630-Notebook-PC:~/Desktop/simulation$ ns dsdv20.tcl
num_nodes is set 20
warning: Please use -channel as shown in tcl/ex/wireless-mitf.tcl
INITIALIZE THE LIST xListHead
channel.cc:sendUp - Calc highestAntennaZ_ and distCST_
highestAntennaZ_ = 1.5,  distCST_ = 550.0
SORTING LISTS ...DONE!
end simulation
olamecone@olamecone-HP-630-Notebook-PC:~/Desktop/simulation$ gawk -f pdr.awk dsdv20.tr
packet delivery ratio: 0.9126
recieved:21643, sent:23717
olamecone@olamecone-HP-630-Notebook-PC:~/Desktop/simulation$ gawk -f throughput.awk dsdv20.tr
Average Throughput[kbps] = 119.33
sent=19290.00   recieved=17899.00
StartTime=0.00          StopTime=149.90
olamecone@olamecone-HP-630-Notebook-PC:~/Desktop/simulation$ gawk -f delay.awk dsdv20.tr
delay= 150.96

olamecone@olamecone-HP-630-Notebook-PC:~/Desktop/simulation$
```

Resultados da análise DSDV para uma rede com 80 nós após três simulações

Resultados da análise OLSR para uma rede com 20 nós após três simulações

Resultados da análise OLSR para uma rede com 80 nós após três simulações

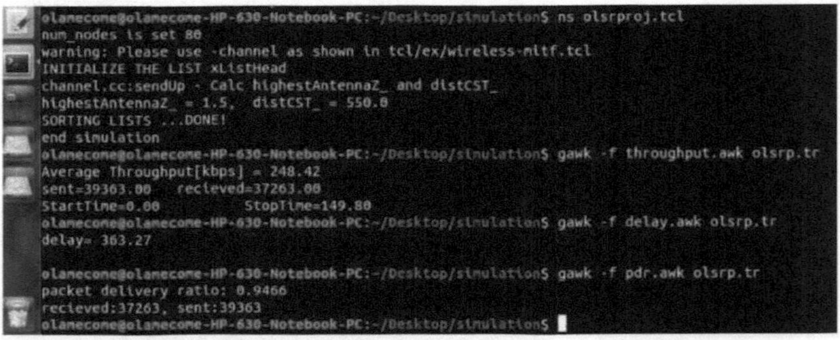

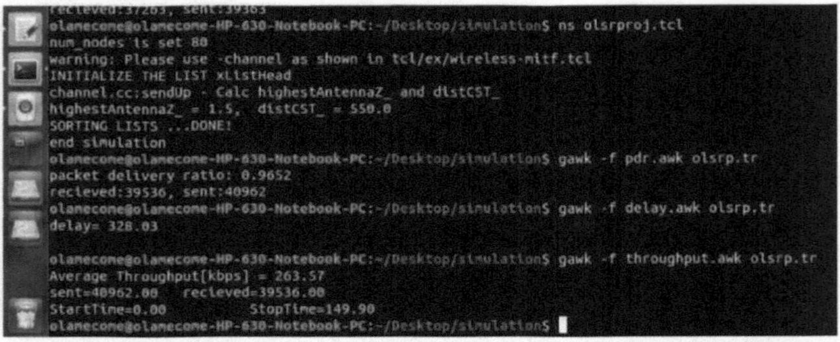

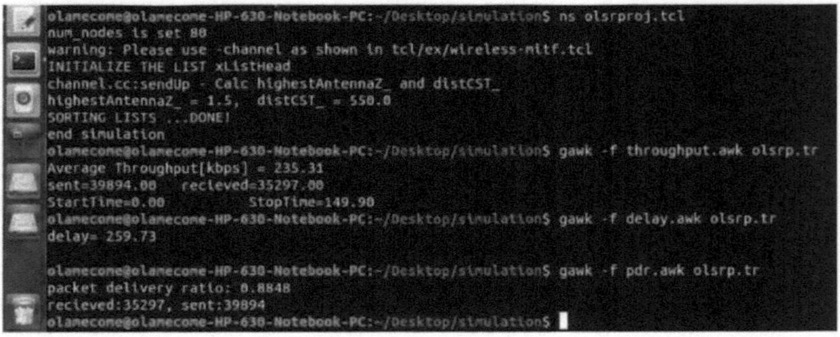

Resultados da análise ZRP para uma rede com 20 nós após três simulações

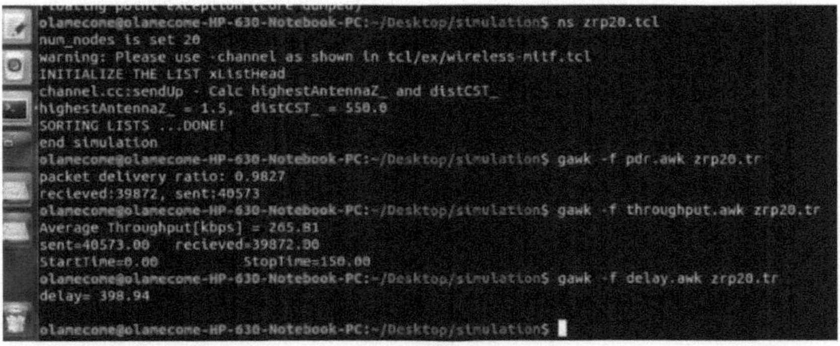

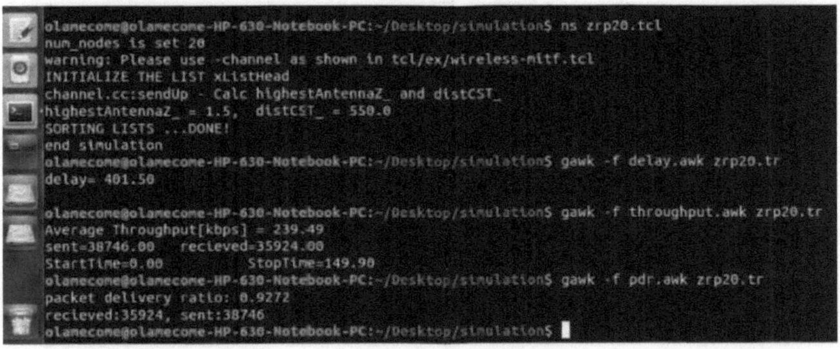

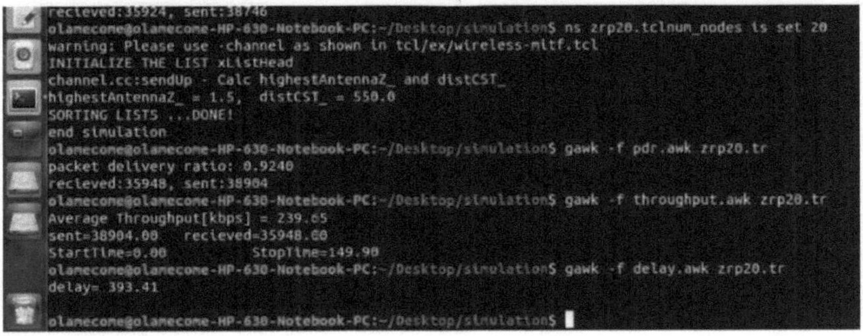

```
olanecone@olanecone-HP-630-Notebook-PC:~/Desktop/simulation$ ns zrp20.tcl
num_nodes is set 20
warning: Please use -channel as shown in tcl/ex/wireless-mitf.tcl
INITIALIZE THE LIST xListHead
channel.cc:sendUp - Calc highestAntennaZ_ and distCST_
highestAntennaZ_ = 1.5, distCST_ = 550.0
SORTING LISTS ...DONE!
end simulation
olanecone@olanecone-HP-630-Notebook-PC:~/Desktop/simulation$ gawk -f pdr.awk zrp20.tr
packet delivery ratio: 0.9827
recieved:39872, sent:40573
olanecone@olanecone-HP-630-Notebook-PC:~/Desktop/simulation$ gawk -f throughput.awk zrp20.tr
Average Throughput[kbps] = 265.81
sent=40573.00   recieved=39872.00
StartTime=0.00          StopTime=150.00
olanecone@olanecone-HP-630-Notebook-PC:~/Desktop/simulation$ gawk -f delay.awk zrp20.tr
delay= 398.94
olanecone@olanecone-HP-630-Notebook-PC:~/Desktop/simulation$
```

```
olanecone@olanecone-HP-630-Notebook-PC:~/Desktop/simulation$ ns zrp20.tcl
num_nodes is set 20
warning: Please use -channel as shown in tcl/ex/wireless-mitf.tcl
INITIALIZE THE LIST xListHead
channel.cc:sendUp - Calc highestAntennaZ_ and distCST_
highestAntennaZ_ = 1.5, distCST_ = 550.0
SORTING LISTS ...DONE!
end simulation
olanecone@olanecone-HP-630-Notebook-PC:~/Desktop/simulation$ gawk -f delay.awk zrp20.tr
delay= 401.50
olanecone@olanecone-HP-630-Notebook-PC:~/Desktop/simulation$ gawk -f throughput.awk zrp20.tr
Average Throughput[kbps] = 239.49
sent=38746.00   recieved=35924.00
StartTime=0.00          StopTime=149.90
olanecone@olanecone-HP-630-Notebook-PC:~/Desktop/simulation$ gawk -f pdr.awk zrp20.tr
packet delivery ratio: 0.9272
recieved:35924, sent:38746
olanecone@olanecone-HP-630-Notebook-PC:~/Desktop/simulation$
```

```
recieved:35924, sent:38746
olanecone@olanecone-HP-630-Notebook-PC:~/Desktop/simulation$ ns zrp20.tclnum_nodes is set 20
warning: Please use -channel as shown in tcl/ex/wireless-mitf.tcl
INITIALIZE THE LIST xListHead
channel.cc:sendUp - Calc highestAntennaZ_ and distCST_
highestAntennaZ_ = 1.5, distCST_ = 550.0
SORTING LISTS ...DONE!
end simulation
olanecone@olanecone-HP-630-Notebook-PC:~/Desktop/simulation$ gawk -f pdr.awk zrp20.tr
packet delivery ratio: 0.9240
recieved:35948, sent:38904
olanecone@olanecone-HP-630-Notebook-PC:~/Desktop/simulation$ gawk -f throughput.awk zrp20.tr
Average Throughput[kbps] = 239.65
sent=38904.00   recieved=35948.00
StartTime=0.00          StopTime=149.90
olanecone@olanecone-HP-630-Notebook-PC:~/Desktop/simulation$ gawk -f delay.awk zrp20.tr
delay= 393.41
olanecone@olanecone-HP-630-Notebook-PC:~/Desktop/simulation$
```

Resultados da análise ZRP para uma rede com 80 nós após três simulações

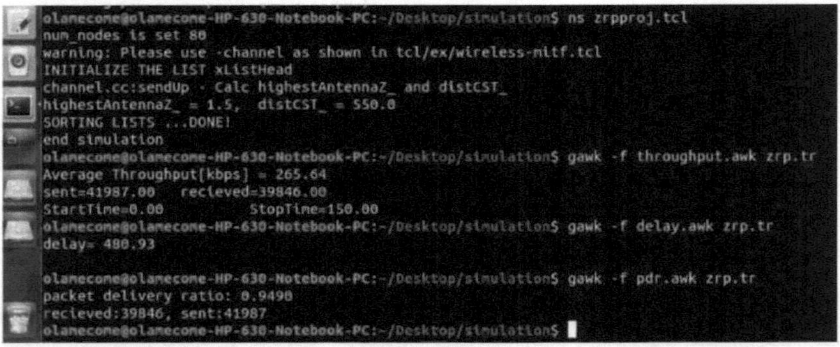

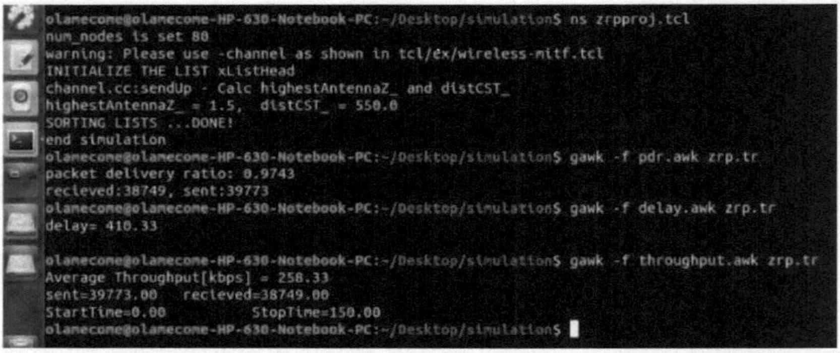

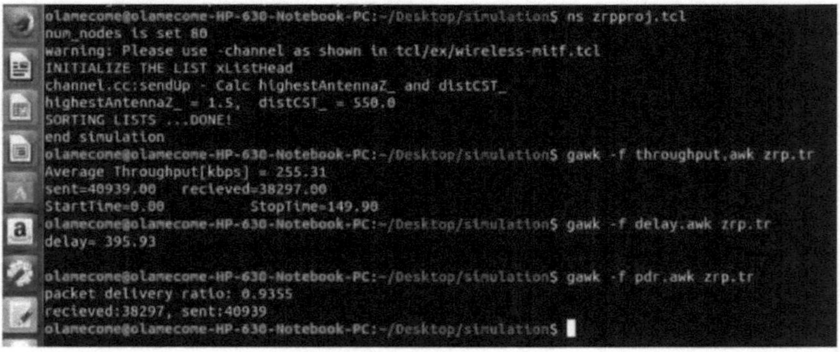

```
olamecone@olamecone-HP-630-Notebook-PC:~/Desktop/simulation$ ns zrpproj.tcl
num_nodes is set 80
warning: Please use -channel as shown in tcl/ex/wireless-mitf.tcl
INITIALIZE THE LIST xListHead
channel.cc:sendUp - Calc highestAntennaZ_ and distCST_
highestAntennaZ_ = 1.5,  distCST_ = 550.0
SORTING LISTS ...DONE!
end simulation
olamecone@olamecone-HP-630-Notebook-PC:~/Desktop/simulation$ gawk -f throughput.awk zrp.tr
Average Throughput[kbps] = 265.64
sent=41987.00   recieved=39846.00
StartTime=0.00          StopTime=150.00
olamecone@olamecone-HP-630-Notebook-PC:~/Desktop/simulation$ gawk -f delay.awk zrp.tr
delay= 480.93

olamecone@olamecone-HP-630-Notebook-PC:~/Desktop/simulation$ gawk -f pdr.awk zrp.tr
packet delivery ratio: 0.9490
recieved:39846, sent:41987
olamecone@olamecone-HP-630-Notebook-PC:~/Desktop/simulation$
```

```
olamecone@olamecone-HP-630-Notebook-PC:~/Desktop/simulation$ ns zrpproj.tcl
num_nodes is set 80
warning: Please use -channel as shown in tcl/ex/wireless-mitf.tcl
INITIALIZE THE LIST xListHead
channel.cc:sendUp - Calc highestAntennaZ_ and distCST_
highestAntennaZ_ = 1.5,  distCST_ = 550.0
SORTING LISTS ...DONE!
end simulation
olamecone@olamecone-HP-630-Notebook-PC:~/Desktop/simulation$ gawk -f pdr.awk zrp.tr
packet delivery ratio: 0.9743
recieved:38749, sent:39773
olamecone@olamecone-HP-630-Notebook-PC:~/Desktop/simulation$ gawk -f delay.awk zrp.tr
delay= 410.33

olamecone@olamecone-HP-630-Notebook-PC:~/Desktop/simulation$ gawk -f throughput.awk zrp.tr
Average Throughput[kbps] = 258.33
sent=39773.00   recieved=38749.00
StartTime=0.00          StopTime=150.00
olamecone@olamecone-HP-630-Notebook-PC:~/Desktop/simulation$
```

```
olamecone@olamecone-HP-630-Notebook-PC:~/Desktop/simulation$ ns zrpproj.tcl
num_nodes is set 80
warning: Please use -channel as shown in tcl/ex/wireless-mitf.tcl
INITIALIZE THE LIST xListHead
channel.cc:sendUp - Calc highestAntennaZ_ and distCST_
highestAntennaZ_ = 1.5,  distCST_ = 550.0
SORTING LISTS ...DONE!
end simulation
olamecone@olamecone-HP-630-Notebook-PC:~/Desktop/simulation$ gawk -f throughput.awk zrp.tr
Average Throughput[kbps] = 255.31
sent=40939.00   recieved=38297.00
StartTime=0.00          StopTime=149.90
olamecone@olamecone-HP-630-Notebook-PC:~/Desktop/simulation$ gawk -f delay.awk zrp.tr
delay= 395.93

olamecone@olamecone-HP-630-Notebook-PC:~/Desktop/simulation$ gawk -f pdr.awk zrp.tr
packet delivery ratio: 0.9355
recieved:38297, sent:40939
olamecone@olamecone-HP-630-Notebook-PC:~/Desktop/simulation$
```

Resultados da análise do novo protocolo híbrido para uma rede com 20 nós após três simulações

```
olamecone@olamecone-HP-630-Notebook-PC:~/Desktop/simulation$ ns hybrid20.tcl
num_nodes is set 20
warning: Please use -channel as shown in tcl/ex/wireless-mitf.tcl
INITIALIZE THE LIST xListHead
channel.cc:sendUp - Calc highestAntennaZ_ and distCST_
highestAntennaZ_ = 1.5,  distCST_ = 550.0
SORTING LISTS ...DONE!
end simulation
olamecone@olamecone-HP-630-Notebook-PC:~/Desktop/simulation$ gawk -f delay.awk hybrid20.tr
delay= 602.63

olamecone@olamecone-HP-630-Notebook-PC:~/Desktop/simulation$ gawk -f throughput.awk hybrid20.tr
Average Throughput[kbps] = 249.79
sent=38294.00    recieved=37194.00
StartTime=0.00          StopTime=150.00
olamecone@olamecone-HP-630-Notebook-PC:~/Desktop/simulation$ gawk -f pdr.awk hybrid20.tr
packet delivery ratio: 0.9713
recieved:37194, sent:38294
olamecone@olamecone-HP-630-Notebook-PC:~/Desktop/simulation$
```

```
olamecone@olamecone-HP-630-Notebook-PC:~/Desktop/simulation$ ns hybrid20.tcl
num_nodes is set 20
warning: Please use -channel as shown in tcl/ex/wireless-mitf.tcl
INITIALIZE THE LIST xListHead
channel.cc:sendUp - Calc highestAntennaZ_ and distCST_
highestAntennaZ_ = 1.5,  distCST_ = 550.0
SORTING LISTS ...DONE!
end simulation
olamecone@olamecone-HP-630-Notebook-PC:~/Desktop/simulation$ gawk -f pdr.awk hybrid20.tr
packet delivery ratio: 0.9487
recieved:33986, sent:35823
olamecone@olamecone-HP-630-Notebook-PC:~/Desktop/simulation$ gawk -f throughput.awk hybrid20.tr
Average Throughput[kbps] = 228.25
sent=35823.00    recieved=33986.00
StartTime=0.00          StopTime=150.00
olamecone@olamecone-HP-630-Notebook-PC:~/Desktop/simulation$ gawk -f delay.awk hybrid20.tr
delay= 701.35

olamecone@olamecone-HP-630-Notebook-PC:~/Desktop/simulation$
```

```
olamecone@olamecone-HP-630-Notebook-PC:~/Desktop/simulation$ ns hybrid20.tcl
num_nodes is set 20
warning: Please use -channel as shown in tcl/ex/wireless-mitf.tcl
INITIALIZE THE LIST xListHead
channel.cc:sendUp - Calc highestAntennaZ_ and distCST_
highestAntennaZ_ = 1.5,  distCST_ = 550.0
SORTING LISTS ...DONE!
end simulation
olamecone@olamecone-HP-630-Notebook-PC:~/Desktop/simulation$ gawk -f delay.awk hybrid20.tr
delay= 584.39

olamecone@olamecone-HP-630-Notebook-PC:~/Desktop/simulation$ gawk -f throughput.awk hybrid20.tr
Average Throughput[kbps] = 241.53
sent=36894.00    recieved=35964.00
StartTime=0.00          StopTime=149.80
olamecone@olamecone-HP-630-Notebook-PC:~/Desktop/simulation$ gawk -f pdr.awk hybrid20.tr
packet delivery ratio: 0.9748
recieved:35964, sent:36894
olamecone@olamecone-HP-630-Notebook-PC:~/Desktop/simulation$
```

Resultados da análise do novo protocolo híbrido para uma rede com 80 nós após três simulações

```
olamecone@olamecone-HP-630-Notebook-PC:~/Desktop/simulation$ ns hybrid.tcl
num_nodes is set 80
warning: Please use -channel as shown in tcl/ex/wireless-mitf.tcl
INITIALIZE THE LIST xListHead
channel.cc:sendUp - Calc highestAntennaZ_ and distCST_
highestAntennaZ_ = 1.5,  distCST_ = 550.0
SORTING LISTS ...DONE!
end simulation
olamecone@olamecone-HP-630-Notebook-PC:~/Desktop/simulation$ gawk -f pdr.awk hybrid.tr
packet delivery ratio: 0.9595
recieved:37984, sent:39589
olamecone@olamecone-HP-630-Notebook-PC:~/Desktop/simulation$ gawk -f delay.awk hybrid.tr
delay= 594.35

olamecone@olamecone-HP-630-Notebook-PC:~/Desktop/simulation$ gawk -f throughput.awk hybrid.tr
Average Throughput[kbps] = 255.10
sent=39589.00   recieved=37984.00
StartTime=0.00          StopTime=150.00
olamecone@olamecone-HP-630-Notebook-PC:~/Desktop/simulation$
```

```
olamecone@olamecone-HP-630-Notebook-PC:~/Desktop/simulation$ ns hybrid.tcl
num_nodes is set 80
warning: Please use -channel as shown in tcl/ex/wireless-mitf.tcl
INITIALIZE THE LIST xListHead
channel.cc:sendUp - Calc highestAntennaZ_ and distCST_
highestAntennaZ_ = 1.5,  distCST_ = 550.0
SORTING LISTS ...DONE!
end simulation
olamecone@olamecone-HP-630-Notebook-PC:~/Desktop/simulation$ gawk -f throughput.awk hybrid.tr
Average Throughput[kbps] = 248.07
sent=38294.00   recieved=36938.00
StartTime=0.00          StopTime=150.00
olamecone@olamecone-HP-630-Notebook-PC:~/Desktop/simulation$ gawk -f delay.awk hybrid.tr
delay= 425.46

olamecone@olamecone-HP-630-Notebook-PC:~/Desktop/simulation$ gawk -f pdr.awk hybrid.tr
packet delivery ratio: 0.9646
recieved:36938, sent:38294
olamecone@olamecone-HP-630-Notebook-PC:~/Desktop/simulation$
```

```
olamecone@olamecone-HP-630-Notebook-PC:~/Desktop/simulation$ ns hybrid.tclnum_nodes is set 80
warning: Please use -channel as shown in tcl/ex/wireless-mitf.tcl
INITIALIZE THE LIST xListHead
channel.cc:sendUp - Calc highestAntennaZ_ and distCST_
highestAntennaZ_ = 1.5,  distCST_ = 550.0
SORTING LISTS ...DONE!
end simulation
olamecone@olamecone-HP-630-Notebook-PC:~/Desktop/simulation$ gawk -f pdr.awk hybrid.tr
packet delivery ratio: 0.9650
recieved:39084, sent:40502
olamecone@olamecone-HP-630-Notebook-PC:~/Desktop/simulation$ gawk -f delay.awk hybrid.tr
delay= 369.30

olamecone@olamecone-HP-630-Notebook-PC:~/Desktop/simulation$ gawk -f throughput.awk hybrid.tr
Average Throughput[kbps] = 262.48
sent=40502.00   recieved=39084.00
StartTime=0.00          StopTime=149.90
olamecone@olamecone-HP-630-Notebook-PC:~/Desktop/simulation$
```

Printed by Books on Demand GmbH, Norderstedt / Germany